자전거 국토종주 노선도

9일간 655km 달린 세 명의 아이들

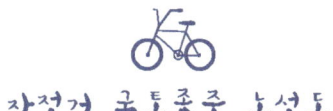

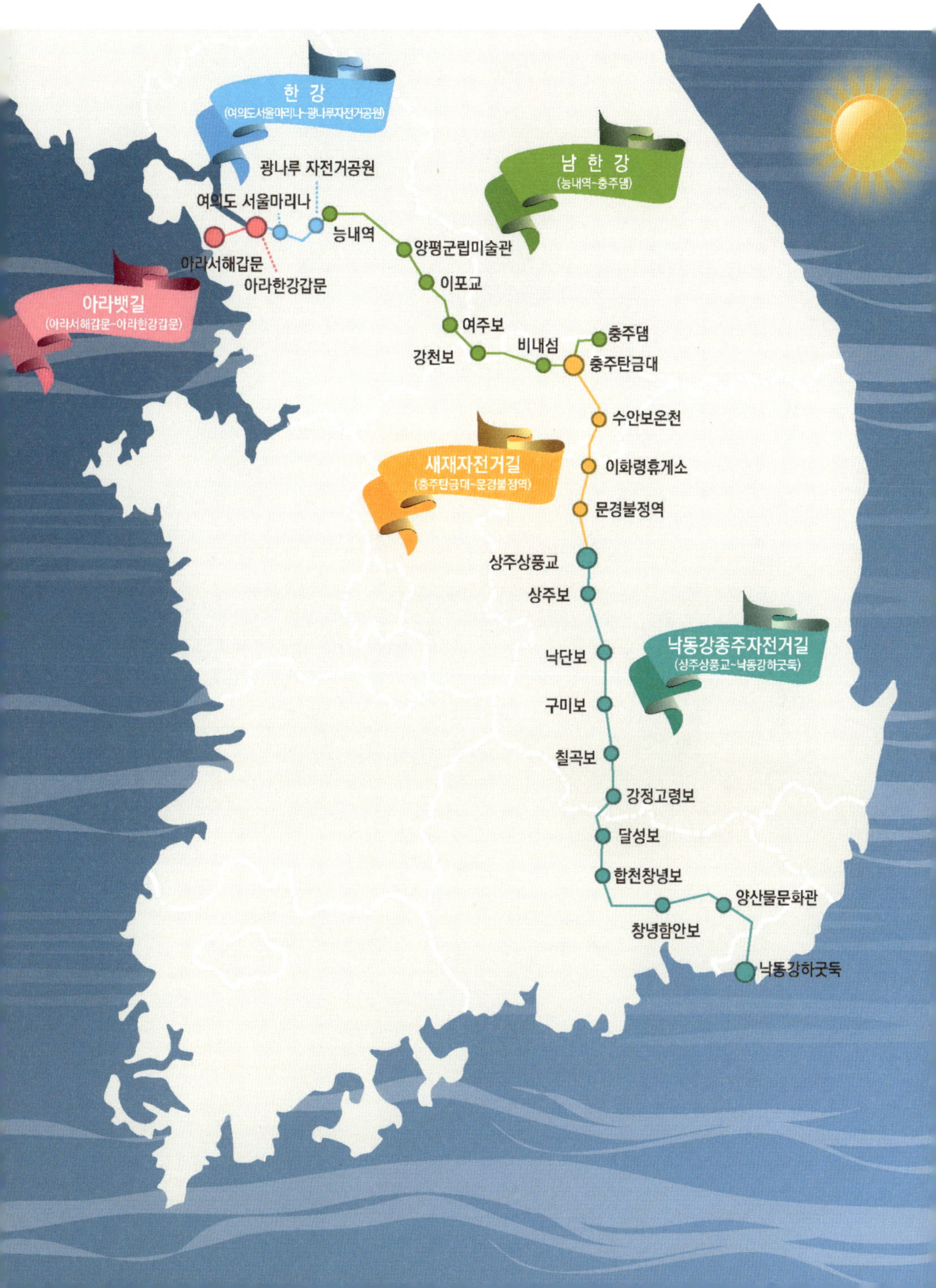

아라뱃길
(아라서해갑문~아라한강갑문)
한강
김포시
아라천
아라서해갑문
아라한강갑문
인천광역시
부천시

남 한 강
(능내역~충주댐)
능내역
2일째
19km
양평
군립미술관
2일째
15km
이포교
2일째
여주군
서종면
양서면
양평군립미술관
이포교
대신면
강상면
금사면
강하면
와부면
능내역
남종면
양평군
흥천면
여주보
여주군
광주시
이천시

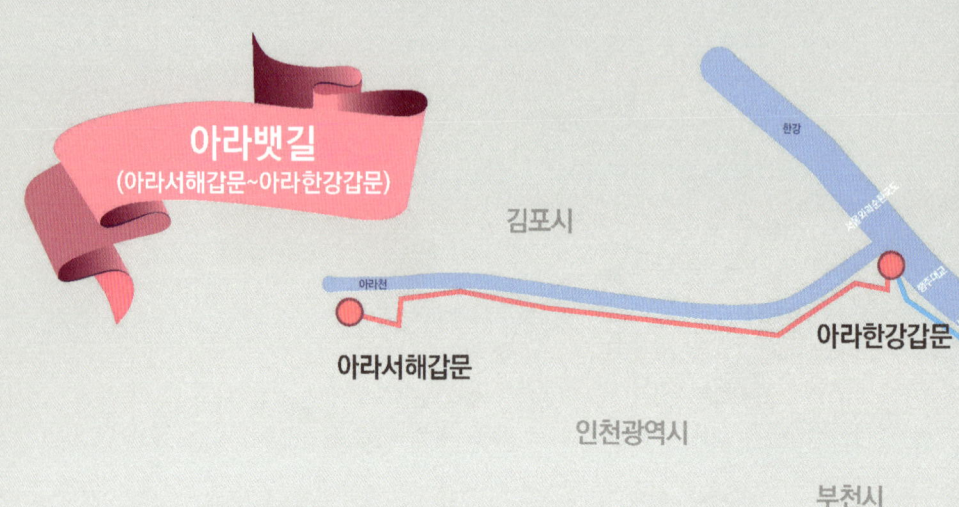

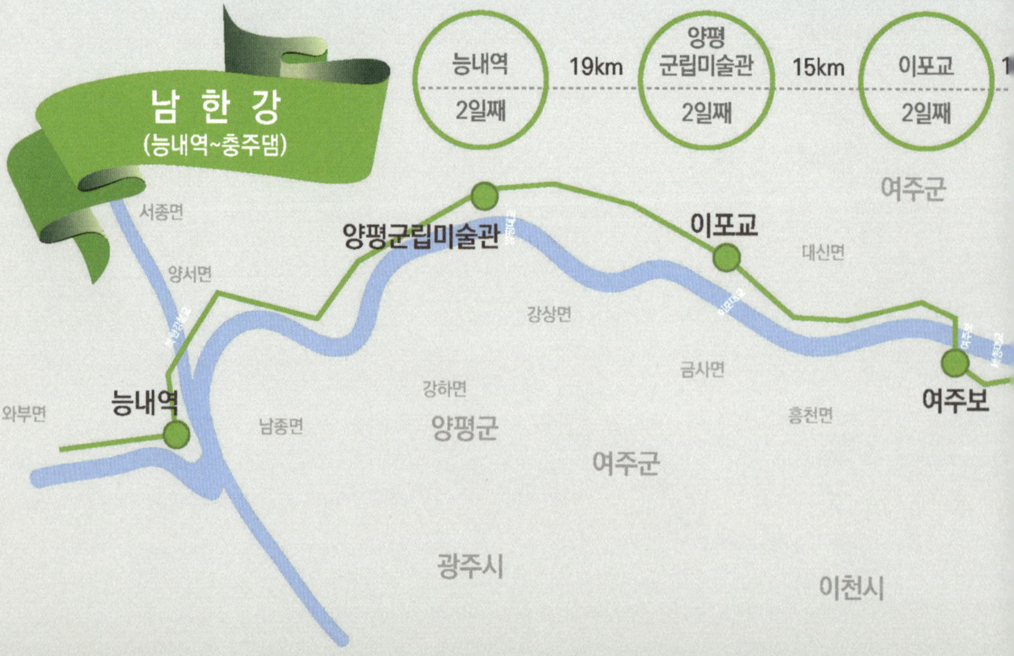

새재자전거길
(충주탄금대~문경불정역)

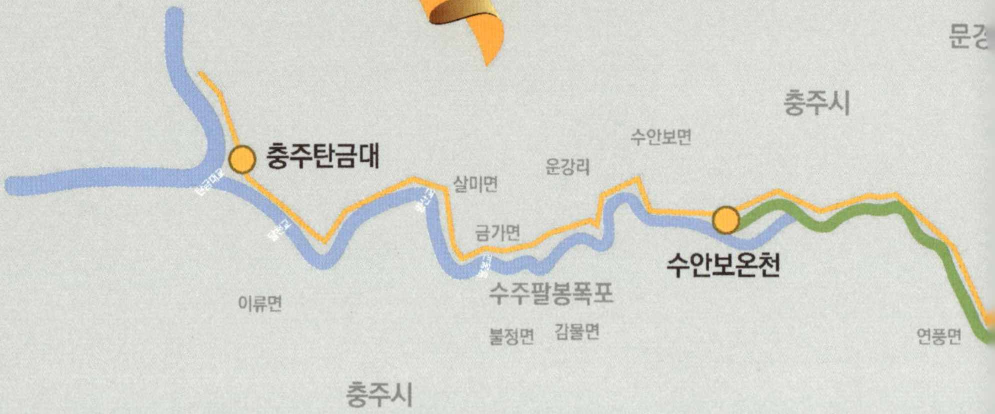

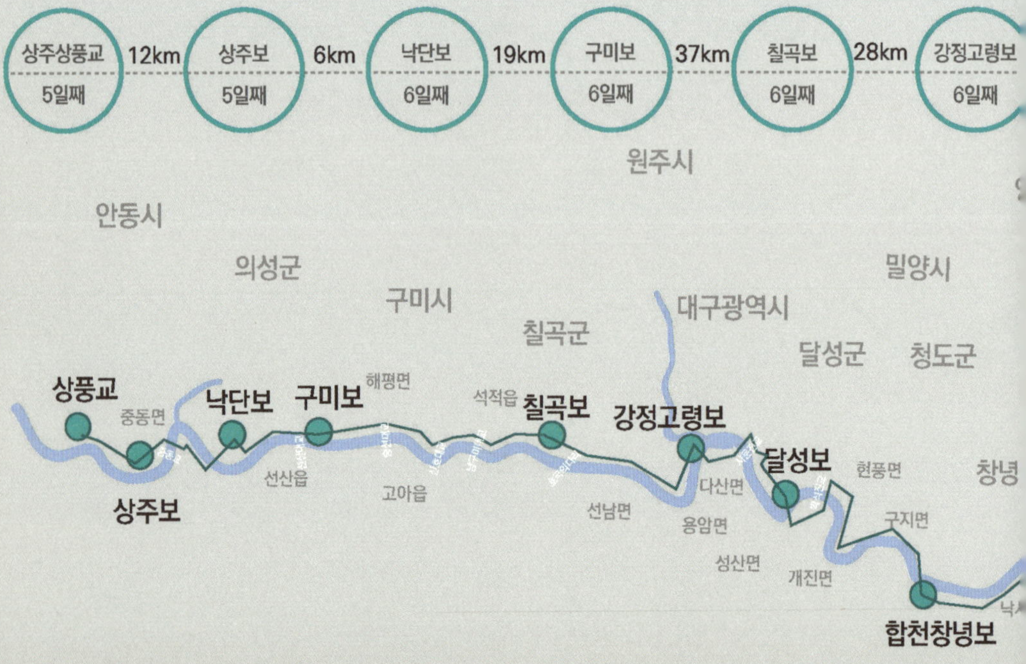

충주탄금대 · 수안보온천

문경 · 충주시
수안보면 · 운강리 · 살미면 · 금가면
이류면 · 불정면 · 김물면 · 수주팔봉폭포 · 연풍면
충주시

| 상주상풍교 5일째 | 12km | 상주보 5일째 | 6km | 낙단보 6일째 | 19km | 구미보 6일째 | 37km | 칠곡보 6일째 | 28km | 강정고령보 6일째 |

원주시

안동시 · 의성군 · 구미시 · 칠곡군 · 대구광역시 · 밀양시 · 달성군 · 청도군

상풍교 · 낙단보 · 구미보 · 해평면 · 석적읍 · 칠곡보 · 강정고령보 · 달성보 · 현풍면 · 창녕
중동면 · 선산읍 · 고아읍 · 선남면 · 다산면 · 용암면 · 구지면
상주보 · 성산면 · 개진면
합천창녕보

충주탄금대 4 일째
30km
수안보온천 4일째
19km
이화령휴게소 4일째
23km
문경불정역 5일째
31km
상주상풍교 5일째
문경읍
문경온천
호계면
문경불정역
산양면
불정동
예천군
풍양면
마성면
영순면
상풍교
사벌면
함창읍
문경시
상주시

22km
달성보 7일째
37km
합천창녕보 7일째
60km
창녕함안보 7일째
63km
양산물문화관 8일째
30km
낙동강하굿둑 9일째
부산광역시
양산물문화관
낙동강하굿둑
생림면
김해시
창원시
창녕함안보
대산면
함안군
낙동강종주자전거길
(상주상풍교~낙동강하굿둑)

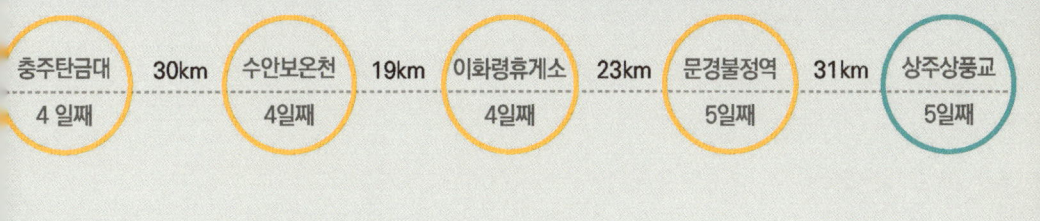

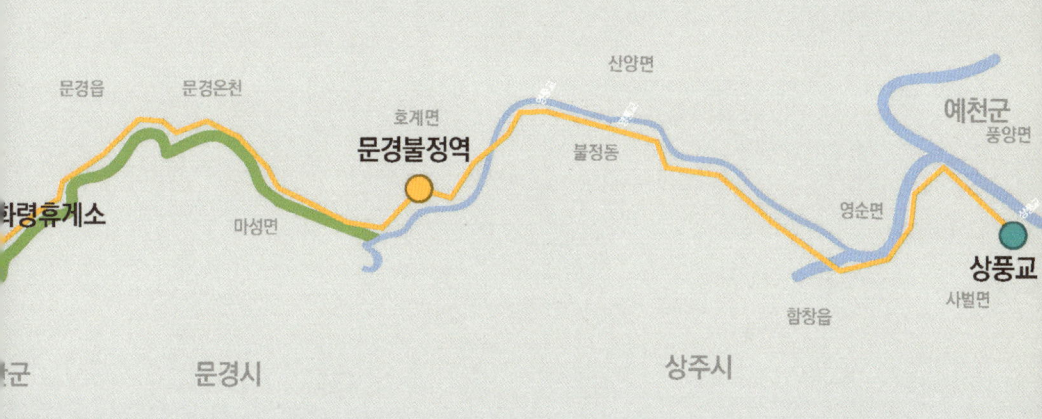

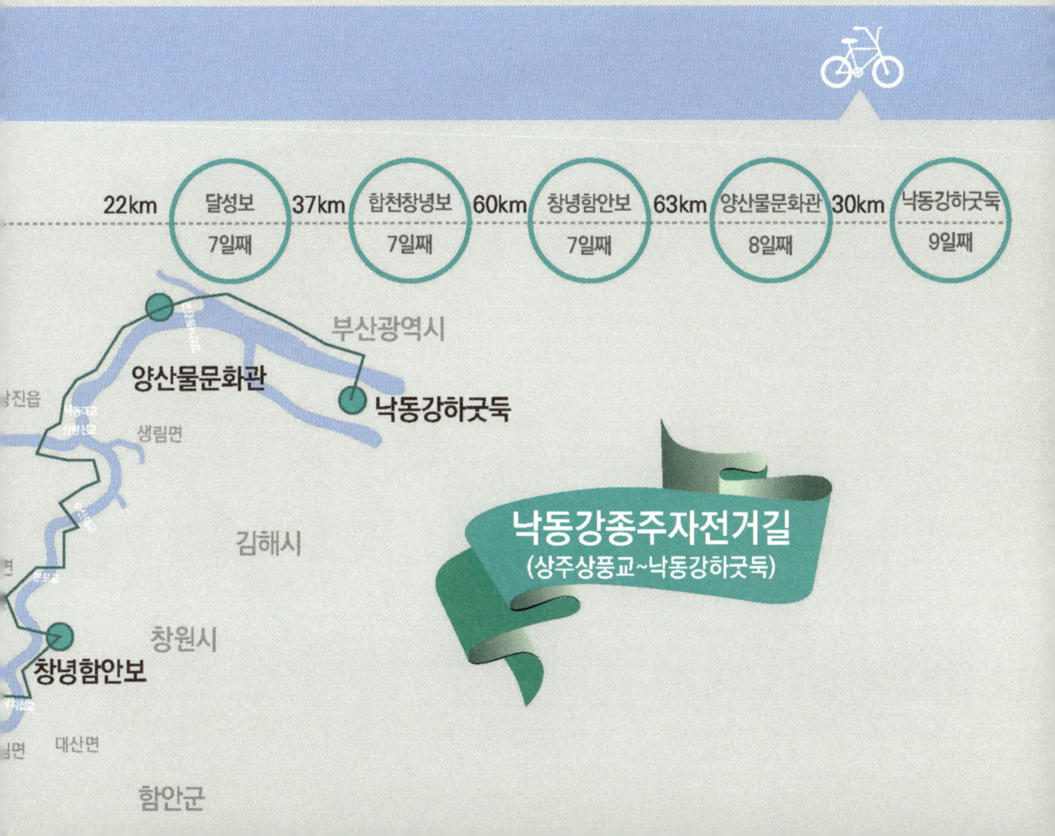

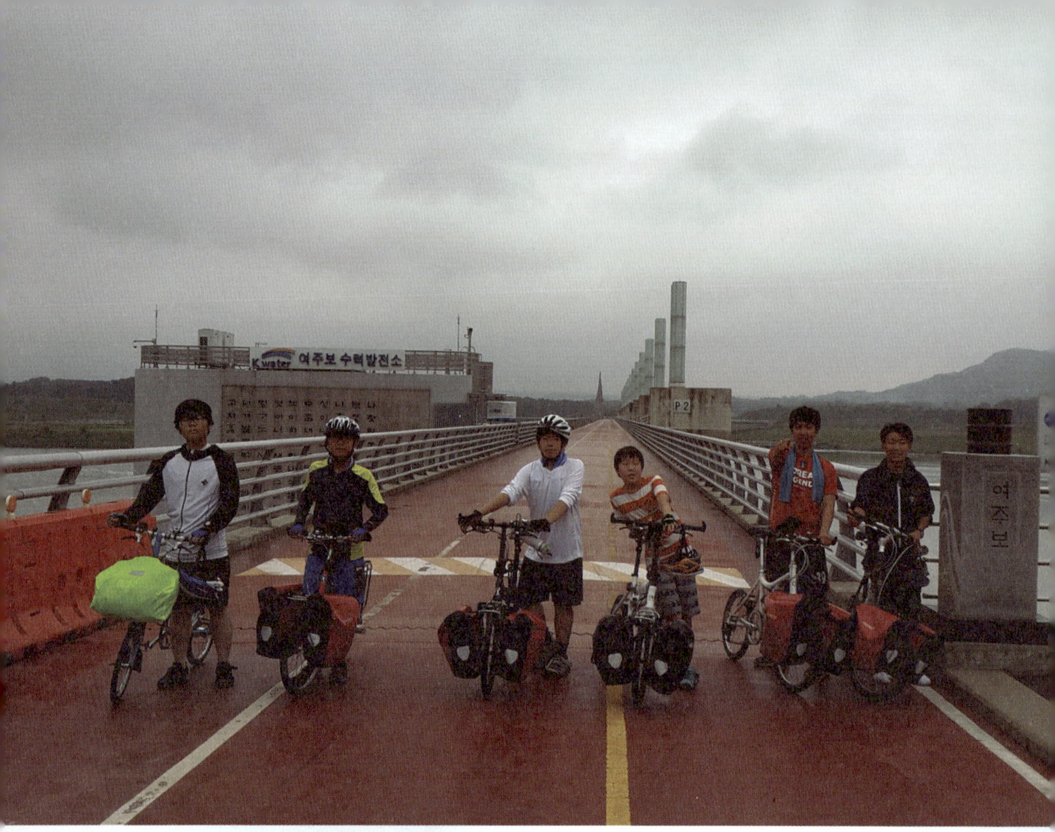
K water
여주보 수력발전소
P2
여주보

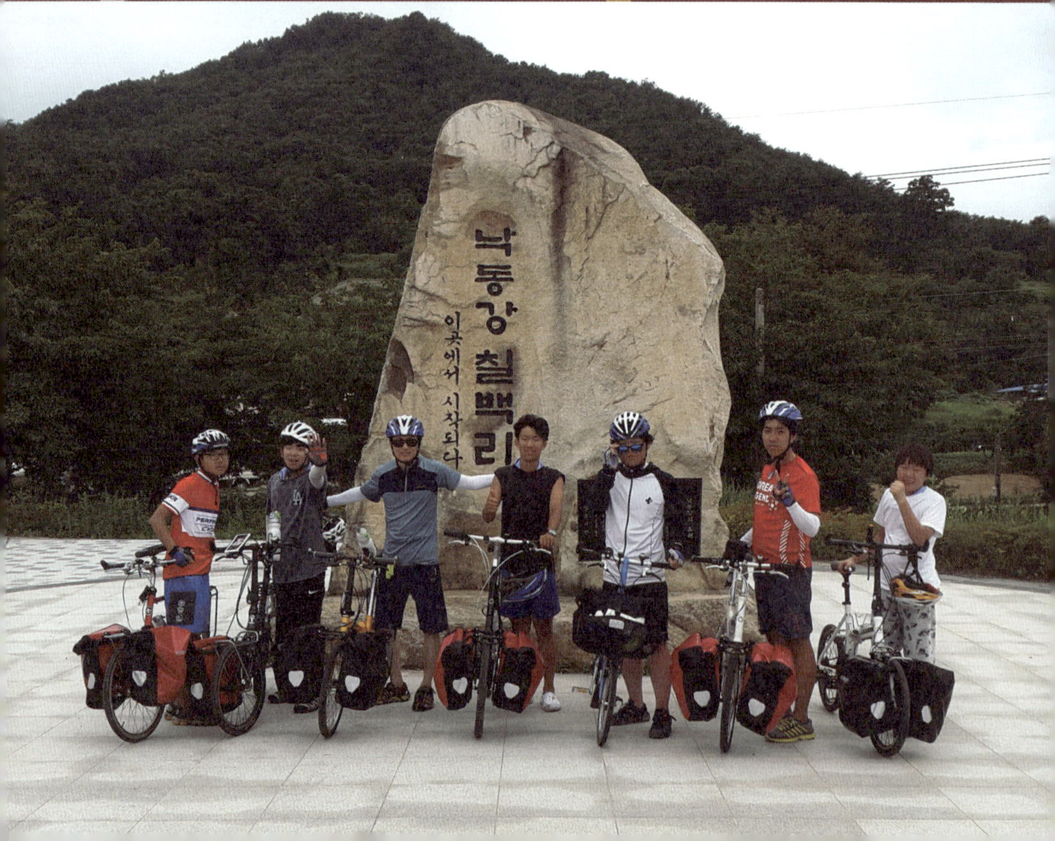
낙동강 칠백리
이곳에서 시작되다

자전거,
어디까지 가봤니?

자전거 국토종주
9일간 655km 달린 세 명의 아이들

영일출판

🚲 목 차

🚲 자전거 국토종단 1일째 | 20150723 Thur. ························· 017
　[1.아라서해갑문 2.아라한강갑문 3.여의도서울마리나 4.광나루자전거공원 5.능내]

🚲 자전거 국토종단 2일째 | 20150724 Fri. ························· 045
　[5 .능내역 6.양평군립미술관 7.이포보 8.여주보]

🚲 자전거 국토종단 3일째 | 20150725 Sat. ························· 067
　[9.강천보 인증센터 10.비내섬 인증센터 11.충주댐 인증센터 12.충주탄금대 인증센터]

🚲 자전거 국토종단 4일째 | 20150726 Sun. ························· 093
　[12.충주탄금대 인증센터 13.수안보온천 인증센터 14.이화령휴게소 인증센터]

🚲 자전거 국토종단 5일째 | 20150727 Mon. ························· 115
　[15.문경불정역 인증센터 16.상풍교 인증센터 17.상주보 인증센터]

🚲 자전거 국토종단 6일째 | 20150728 Tue. ················ 141

[18.낙단보 인증센터 19.구미보 인증센터 20.칠곡보 인증센터 21.강정고령보 인증센터 22.달성보 인증센터]

🚲 자전거 국토종단 7일째 | 20150729 Wed. ··············· 165

[4개의 심한 언덕 23.합천창녕보 인증센터]

🚲 자전거 국토종단 8일째 | 20150730 Thur. ················ 195

[24.창녕함안보 인증센터 25.양산물문화관 인증센터]

🚲 자전거 국토종단 9일째 마지막 날 | 20150731 Fri. ·········· 215

[26.낙동강 하구둑 인증센터]

🚲 국토종주 메달을 받은 아이들 모습 ···················· 236
🚲 각 인증센터 소개 ······························· 241
🚲 우리가 달린 국토종단 각 인증센터 간의 거리 ············ 245

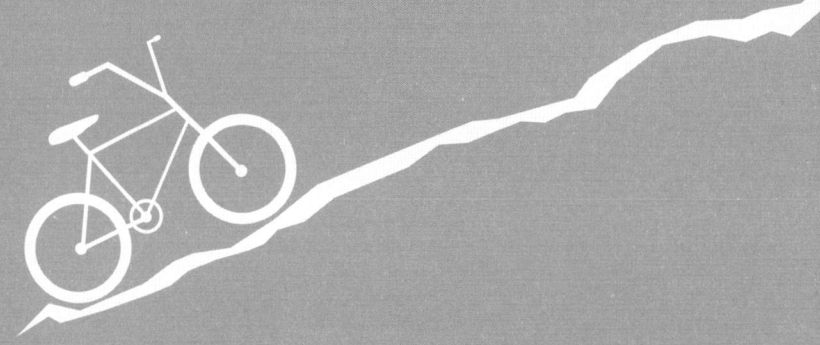

옥돌은 깎을수록 빛이 난다고 합니다.
사람도 깎고 닦을수록 빛이 납니다.

2015년 7월 23일 목요일, 첫째 날

자전거 국토종단
1일째 시작

20150723 Thursday
김길환 선생님

　오늘은 드디어 자전거 국토종단을 시작하는 날이다. 사전에 모두 약속을 하여서 오전 7시 40분 쌍문역에서 모이기로 했다. 대형택시에 자전거를 모두 싣고 **'아라서해갑문'**으로 이동하기로 미리 얘기가 되었다.

　'제주걷기여행' 이후 자전거를 타고 하는 여행은 처음인지라 아이들이 상당히 긴장하고 설레고 있을 것이다. 그 동안 주말마다 준비하면서도 하루 70km 이상을 넘게 달리는 연습을 하지 못했으니 이 여행은 쉽지만은 않을 것이라 생각하고 있다. 그래도 모두 잘 이겨내고 무사히 모두 완주하기를 기대한다.

쌍문역에서 한 명씩 두 명씩 아이들이 도착하고, 4대의 미니벨로를 택시의 뒷자리 짐칸에 실었다. 나는 26인치 바퀴의 자전거를 가져가고 싶었는데 택시에 자전거를 싣는게 여의치 않아서 이번 국토종단은 브롬톤으로 선택했다.

아이들의 자전거에는 프론트랙(다혼 20인치 랙)을 장착을 하고 오르트립 20리터 패니어를 각각 한 쌍씩 장착하여 오히려 나보다 더 많은 짐을 지닐 수 있도록 하였다. 보통 프론트랙에는 사람들이 12.5리터짜리 두 개를 장착하지만 20리터 패니어 두 개를 장착하여도 가방이 땅에 닿거나 걸릴 염려가 전혀 없다는 것을 봤기에 같은 효과라면 좀 더 큰 가방으로 수납을 하여 여유있게 짐을 넣을 수 있도록 그렇게 선택을 한 것이다. 그러나 이것은 미니벨로에는 맞지 않은 선택이 될 수도 있다는 것이 여행 중 드러나게 된다.

 부모님들과 헤어지기 전에 아이들의 패니어에서 불필요한 것들이 없는지 다 확인하고 빼낼 것은 다 빼내었다.

 장마가 이번 주 북상하고 있다고 하는데... 하늘은 온통 뿌옇지만 다행히 비는 내리지 않는다. 아이들이 날씨의 운을 타고 시작하고 있다.

택시가 '아라서해갑문'에 도착하였다. 승엽이 일행들(국민대 이승엽, 고1 고정모, 중3 강승제)은 이미 도착하여 우리를 기다리고 있다. 이들은 전철을 타고 '청라국제도시' 역에서 내려 자전거를 타고 1km쯤 달려온 것이다.

택시에서 아이들의 자전거를 내리고 앞뒤 바퀴가 문제가 없는지 한 번씩 다 돌려보고, 브레이크도 잡아가며 체크한 후 패니어를 장착한다. 아이들 자전거에는 거치대가 달려 있어도 패니어가 앞바퀴 쪽에 장착되어 있기에 핸들이 꺾일 때마다 자꾸 자전거가 넘어진다.
"거치대를 믿지 말고 기둥이나 벽을 이용해 잘 기대어 놓으면 안 넘어진다." 라고 말해주었다.

이제 출발을 해 볼까!!
멋지게 사진을 다같이 찍자.
근처에 한식뷔페가 있어서 아침을 든든히 먹고 시작하려고 계획했었는데 우리출발 시간과 식당시간이 안 맞아 편의점에서 도시락을 먹고 출발을 한다.
오늘 하늘은 흐리지만 기온이 뜨거워지기 시작하니 아이들에게 쿨타올을 물에 적시어 목에 두르도록 하였다. 이 쿨타올은 물에 적당히 적신 후 옷 속으로 넣어 공기와 닿게 하지 않는다면 차가운 기운이 계속 유지가 되어 한여름에 여행할 때 아주 유용한 물건이다.
식사를 잘 하고 라이딩을 본격적으로 시작한다.
시원하게 뻥 뚫린 자전거 도로인지라 여유있게 달려 아라뱃길을 끝내고 자전거샵에 들러서 바퀴에 바람을 넣는다.
이제 여행 시작인 듯한 청년 둘이 우리 자전거의 짐받이와 패니어를 부러워하듯 본다. 이들도 이제 아라뱃길에서 시작해서 대구까지 라이딩을 한다는데, 어깨에 가방을 메고 있으니 여기까지 오는동안 덥고 힘들었을 것이 눈에 선하다. 이들은 뒷쪽에 짐받이를 장착하고 싶어한다.

우리처럼 튼튼한 수퍼투어리스트 제품으로 하고 싶어하지만, 이 자전거샵에는 그 제품이 없기에 일반생활용 자전거에 장착하는 제품이라도 장착을 한다. 보기 안쓰러워서 가다가 수퍼투어리스트를 혹시 장착할 수 있는 자전거샵을 알려주려는데 별로 원하지 않는 듯 하네.

이들을 보며 지금 아이들은 짐받이와 여행용가방을 제대로 장착하고 달릴 수 있다는게 얼마나 편안한 것인지 실감을 했을지 궁금하네.

'아라한강갑문' 인증센타에서 인증도장을 찍고, 이제야 한강으로 제대로 들어섰다.

모두들 잘 달려서 시속 25km를 넘게도 거침없이 간다. 앞바퀴에 부착시킨 패니어가 시선을 끄는 큰 역할을 하니, 지나는 사람들이 우리들을 바라보고 다들 여행 가방이라고 한 마디씩 한다.

'여의도 서울마리나' 센타에 도착.

한강 북쪽의 **뚝섬전망문화콤플렉스** 센터와 남쪽의 **광나루 자전거**

공원 센터는 서로 다른 노정에 걸려 있기에 라이딩 종주 중에는 두 곳 중 한 곳만 인증도장을 찍어도 종주로 인정을 해 준다는 정보는 알았기에, 우리는 **광나루 자전거공원** 쪽을 선택해서 달린다.

모두들 잘 달리기에 이대로 **광나루 자전거공원**의 인증센터까지 한 번에 갈려고 했었는데… 여의도를 지나가다가 민수가 뒤로 처지기 시작하고 있고, 다른 일행들도 모두 목이 마른듯 해서 편의점에서 멈추게 되었다. 일행들이 음료수를 사러 간 사이에, 나는 그곳에서 물놀이를 하며 미끄럼을 타는 아이들을 발견한다.

'오~ 이거 재밌겠다!!!' 라는 생각이 팍 스친다.

물썰매? 를 모두들 타고 있길래 '저걸 어디에서 구했나?' 싶어서 근처에 있던 학생들에게 물어보니 이들이 본인들이 타던 것을 빌려주겠다고 한다. 애들 남자애들은 세 명이었는데 싸이클을 타며 헬맷도 안 갖고 다니네.

"너희와 같은 중1 셋 남자애들 데리고 지금 국토종단 중이다" 라고 말하니 놀란다.

빌려 준 고마움에 음료수를 큰 것을 하나 먹게 하고, 일행들에게는 더운데 물놀이 하고 갈 기회이고 좋은 경험이 되겠다 싶어서 마음껏 몸을 적시도록 하였다. 한여름에 자전거 여행할 때 이렇게 물이 있는 곳에서 들어가서 땀도 씻어내고 더운 몸의 열기를 가라앉히는 것은 아주 시원한 효과를 주고 몸에도 이롭게 작용하여 라이딩을 더욱 즐겁게 만들어준다.

간단하지만 즐겁게 물놀이를 끝내고 이제 다음 코스인 **광나루 자전거공원**으로 간다.

반포대교 지나 동호대교도 지났고 탄천에 진입되는 곳에 이르자 비가 슬슬 내리기 시작한다. 비 맞으며 달리고 싶지 않아서 이곳에서 잠시 비를 멈추기를 기다려본다. 다행히 비는 조금 내렸기에 이내 다시 자전거를 탔지만 땅은 이미 젖어있기에 결국 자전거는 지저분해진다.

빗길에 달리다가 브레이크를 잡으면 고무 패드는 소리가 나면서 마모가 된다. 빗길은 미끄러워서 위험, 시야가 확보가 안되어 위험, 비맞으니 몸이 추워져서 위험, 기어나 부품 연결 부위에 모래나 이물질이 끼어서 위험, 고무 패드 마모되어 손해 등등…

웬만하면 비오는 날은 자전거를 안 타고 싶은데 이미 우리 일정은 장마가 시작된 시즌이기에 비가 내려도 최대한 피해가면서 가는 수밖에 없다. 비오는 날은 자전거 타기에 최악의 조건인 것인데 오늘 여행 첫날부터 아이들이 제대로 경험을 하는구나.

1. 아라서해갑문에서 출발 전이다.
2. 아라한강갑문에 도착했다.
3. 여의도 서울마리나 인증센터에서
4. 여의도 자전거 도로의 물놀이

'광나루 자전거공원'에서 스탬프를 찍고..

오후 5시가 가까와지고 있기에 숙소를 근처에서 찾아볼까 했으나 지도를 보니 **능내역**에 숙소 표시가 되어 있길래 그곳까지 가보기로 한다.
비가 내리다가 그치고 나니 공기가 너무 맑고 시야가 멀리 확보되어 '팔댕대교'를 배경으로 사진을 찍었다.

빗길에 젖은 내리막길을 자전거를 타고 가는 것은 상당히 위험하기에, '팔당대교'를 비롯하여 내리막이 나오는 구간은 자전거를 타지 말고 내려서 끌고 가도록 했다. 아이들에게는 안전이 최우선이다.
승엽이가 선두로 먼저 가다가 잘못된 길로 가서 다시 돌아오기를 기다리고 있는데 빗줄기가 엄청 굵게 쏟아지기 시작한다. 다리 밑에서 비가 그치기를 좀 기다리는데 영 그칠 기미가 안 보이고 30분을 넘게 계속 장대비를 뿌려댄다.

이미 시간은 저녁 7시가 다 되어가는지라 모두의 의견을 종합하여 이곳 양지마을에서 저녁식사를 한 후에 **능내역**으로 가기로 한다. **능내역**에는 숙소가 있다는 표시가 되어 있었고, 행여 그곳에 숙소가 없다해도 바로 옆 '양수리' 쪽에는 모텔이 여러 개가 있는 것을 알고 있기에 야간 라이딩을 해서라도 갈 계획이다.

저녁식사를 하는 중에도 밖은 소낙비가 엄청 쏟아진다.
그러다가 한 번씩 멈춰준다.
과연 오늘 밤 우리의 일정은 어찌될는지.
야간에 소낙 장마비를 맞으며 하루를 마무리 하게 될는지.
아니면 괜찮은 숙소를 찾게 될 것인지.
식사를 맛있게 하고 달릴 준비는 오후 8시.
아이들이 비를 맞아 춥다고 한다.
비는 지금도 계속 내린다.
그래도 가끔 멈춰준 비였기에 비가 안 오는 순간에 맞춰 전진해 나가기로 해 본다.

'양수리'에 모텔이 많이 있다는 것이 큰 위안이 된다. 자전거의 라이트와 후미등을 켜고 시속 15km 정도를 유지하며 내가 길을 알고 있으니 선두에 서고 승엽이를 맨 뒤 후방에 따라오게 한다. 일행들이 잘 따라오는지 확인하기 위해 뒤로 번호를 외치게도 한다.
빗발이 내리쳐도 숙소가 가까이에 있다는 것을 알기에 밤길이라도 큰 염려는 없다. 빗길에, 산길에, 언덕에, 자정 넘기고, 숙소도 언제 나올지 모르는, 미국을 달리던 기억에 비하면 지금의 상황은 별 걱정될 것도 없다.
　아이들은 빗속의 밤길을 달려도 그냥 신나는 모드다.
　능내역 도착.

비가 적게 내려주어서 다행히 핸드폰을 꺼내 아이들 사진도 찍어줄 수가 있었다.

예전에는 **능내역** 인증도장 박스가 밤에는 어두웠는데 오늘은 문을 여니 불이 확 들어와 밝아져서 좋았다. **능내역** 에도 지도상에는 숙소가 있었으나 연락처도 정보도 없고 주변을 둘러봐도 불이 켜져있는 집의 흔적은 없기에 그냥 달려 '양수리'까지 간다. **능내역** 에서 '양수리'는 2km 안쪽이기에 조금만 더 가면 모텔이 많이 있다.

'신양수대교'를 좌측 보도블럭으로 건넌다. 우측은 보도블럭이 없는 좁은 도로주행이라 위험하다. 다리를 건너면서 봐도 모텔 불빛이 많다. 예전에 올 때는 '양수리'에는 모텔이 3개뿐이라 했는데 오늘 보니 5개가 보인다.

승엽이와 두 군데 모텔을 가서 알아보니 '동남장' 모텔이 큰 방 두 개를 준다하여 들어갔다. 방 하나가 3인 기준 5만원이라 한다. 자전거도 보관할 수 있고 세탁도 비가 왔기에 그냥 해준다고 해서 이곳으로 결정했다.

모두들 기다리고 있는 곳으로 돌아와 다시 모텔로 갔는데 아까와는 달리 아주머니가 조금 불친절하게 바뀌었네. 우리 자전거가 비에 젖어 있어 잘 닦은 후에 보관을 하는 곳으로 옮겨놔야 내일도 문제가 없는데, 아주머니는 수건 하나 달랑 주며 "얼른 닦고 옮겨요." 한다.

자전거는 시간을 두고 차근히 닦아야 제대로 닦기에 우선 방으로 가져가든 보관장소에 놓든 먼저 옮긴 후 다시 닦든지 하기로 하는데 세탁할 옷이 있으면 또 얼른 내놓으라고 하면서 "얼른 자전거 보관하고 가면 되지 않나요?"라고 다구친다. 나는 아이들이 세탁할 옷을 내놓고 샤워 후에 깨끗한 맘으로 제대로 닦게 하고 싶었기에, 우선 방으로 가져가든 보관장소에 놓든먼저 옮긴 후 다시 닦든지 하기로 하는데, 아주머니는 자전거 여행자의 마음은 전혀 고려하지 않는다. 이러니 '동남장' 모텔은 다음부터는 오지 말아야겠다는 생각이 팍 든다.

 아이들의 자전거를 방으로 가지고 들어가 닦게 하였다. 쓰고 버려도 된다고 받았던 마른 수건을 가위로 잘라 자전거 프레임의 물기를 제거하고 모두의 자전거를 뒤집어 놓게 하여 프레임속으로 스며든 물기를 빼내게 하였다. 그리고 브레이크 패드가 닿아 고무가 갈려져 시커멓게 되어있는 바퀴의 림을 잘 닦도록 한다.

 이제 오늘 일기를 쓰고 하루 노정을 체크하며 마무리 하게 하였다. 내일도 비가 온다는 얘기가 있지만, 오늘처럼 비 오면 멈추고, 또 달리면 될 것이라 생각하련다.
 오늘 달린 거리는 89.24km 이다.

 오늘 노정은 1. **아라서해갑문** 출발 - 2. **아라한강갑문** - 3. **여의도 서울마리나** - 4. **광나루 자전거공원** 인증센타 - 5. **능내역** 인증센타 이고, 숙소는 '양수리'의 '동남장' 모텔이다

- 먹거리 - 곳곳에 편의점들이 많다. '팔당대교' 가기 전에는 '양지마을'에 식당이 많다, '양수리' 마을에 식당과 편의점이 많다.
- 화장실 - '한강'에 많다
- 잠자리 - '양수리' 마을에 모텔이 많다.('팔당역' 주변은 숙소가 없다. 법으로 숙박시설이 금지되어 있다고 한다.) '덕소역' 강북 라인쪽에 모텔이 있다.
- 자전거샵 - '아라대교'쪽 하나, '반포대교' 남단 '바이클로', '반포대교' 북단 'bb5', '응봉역' '성진바이크', '팔당역' 'UTL' 등등

자전거 국토종단 1일째 끝 (150723 Thur.)

1. 광나루 자전거공원 인증센터에서
2. 구름과 함께 저 뒤로 팔당대교가 보인다.
3. 능내역 인증센터에서 도착했다.
4. 양수리 동남장 모텔에서

국토종주 첫 날
20150723 Thursday
강민수

  우리는 7시 30분까지 쌍문역에서 모이기로 하였다. 탭 선생님까지 4명이 만나서 대형 택시에 자전거를 싣고 짐 체크를 하였다. 짐 체크가 끝나고, 차에 타기 전에 부모님께 인사를 드리고 출발을 하였다.
  아라뱃길까지 가는데 한 시간 정도 걸렸다. 아라뱃길에서 이번에 같이 가는 국토종주 멤버 3명도 합류했다.
  자전거 체크를 하고 국토종주 수첩에 도장을 찍고, 다같이 사진을 찍었다.
  아침을 먹으러 한식집으로 갔는데 11시에 문을 연다 하여 그 밑에 있는 CU에서 간단하게 먹고 출발을 하려 했는데, 승엽이 형이 만 원을 잃어버렸다. 찾느라 시간이 좀 걸렸지만 결국 못 찾고 다시 출발을 했다.

그렇게 몇 분을 달리니 MTB 자전거 샵이 나왔다. 자전거 샵에서 자전거 바퀴에 바람을 넣고, 편의점에서 아이스크림을 먹었다. 출발 준비를 하는데, 모르는 형들이 와서 슈퍼 투어리스를 보고 부러워 하였다.

다시 달려서 아라한강갑문, 여의도 서울 마리나에 도착해 수첩에 도장을 찍었다.

세븐일레븐에서 음료수를 마시고 바로 앞에 있는 물 미끄럼틀에서 잠깐 놀았다. 승제 형은 타기 싫다고 했는데 나중에는 제일 재미있게 탔다. 다같이 사진을 찍고 다시 출발을 해서 가는데, 잠수교에서 횡단보도를 건너는 도중에 정모형이 바리게이트에 걸려서 넘어졌다. 넘어지면서 자전거 앞바퀴가 옆으로 꺾여서 수리를 하고 출발하였다.

잠실 대교까지는 자전거를 타고 가는 게 편했는데 철교에서부터는 점점 힘이 들었다. 덥고 힘든데 갑자기 비까지 내리기 시작했다. 우리는 탄천에서 비가 그칠 때까지 기다리기로 하였다.

처음엔 비가 멈출 거 같지 않았는데, 다행히 조금씩 줄어들기 시작해서 바로 출발을 하여 광나루로 갔다.

다시 비가 내려 쉬다가 출발했다. 광나루에서 수첩에 도장을 찍고 팔당댐을 향해 가는데 뒤에 오는 아저씨가 노래를 크게 불렀다. 나는 이상한 아저씨라고 생각하면서 달렸다.

드디어 팔당 대교를 건넜는데, 길치인 승엽이 형이 다른 곳으로 빠져 나가 올 때까지 기다리기로 하였다. 쌤이 기다리는 동안 먼저 앞에 뭐가 있나 가보고 오겠다고 동준이랑 갔다. 10분쯤 후에 길 치인 우리의 승엽이 형이 왔다. 이젠 쌤과 동준이를 기다리고 있는데 너무 안와서 전화를 해보았다. 우리가 있는 곳과 쌤이 있는 곳이 자전거를 타고 고작 20초 정도의 거리라고 하여서 금방 도착을 했지만 기다리는 동안 비를 맞아서 온몸이 축축하게 젖었다.

많은 비를 맞으면서 달리는 기분은 매우 시원하고 상쾌하였다. 비가 멈출 기세가 안보여서 승제 형과 승엽이 형이 우산을 쓰고 식당을 찾으러 갔는데, 근처에 식당이 없어 비를 맞고 터널을 지나니 식당이 보였다. 우리는 너무 배가 고파서 된장찌개랑 청국장을 시켰다. 얼마나 배가 고팠는지 밥을 두 그릇이나 먹고 나니 배가 불렀다. 밥을 다 먹고 비가 그칠 때까지 기다렸다. 비가 그치자 바로 출발을 했는데, 빗길이라 너무 미끄러워 위험했다. 비가 너무 많이 내려 일찍 쉬고 싶었지만 일단 숙소부터 찾아야 했다.

다같이 빗길을 달리면서 숙소를 찾았지만, 숙소가 나오지 않아 계속 달렸다. 앞도 잘 안보이고 빗길이라 위험한데…승제 형이 계속 장난을 쳐서 긴장도 되고 넘어 질 까봐 무서웠다.

달리다 보니 드디어 앞에 마을이 보여서 그 마을로 들어갔다. 마을을 들어가는 다리를 건너고 나서 쌤과 승엽이 형은 숙소를 알아보러 갔다.

쌤과 승엽이 형이 숙소를 알아보고 돌아오자 우리는 숙소로 가서 자전거를 닦고 일기를 썼다. 라이딩 첫날부터 더운데다 비도 많이 와서 너무 힘들었다.

오늘의 라이딩 거리-89.24km

1. 아라서해갑문 인증센터에서 민수
2. 아라한강갑문에서 민수
3. 여의도 서울 마리나 센터에서 민수
4. 팔당루 자전거공원 인증센터에서 민수

기대되는 첫 라이딩

20150723 Thursday
박성우

드디어 국토종단이 시작되는 날이다.

민수, 동준이 나는 7시 30분에 쌍문역에서 대형 택시를 타고, 아라뱃길로 가서 모든 멤버들을 만났다. 그 곳에 있는 인증센터에서 도장을 찍고, 자전거가 잘 정비 되어 있는지 확인하기 위해서 한 명씩 앞바퀴를 굴리고 브레이크를 잡고, 뒷바퀴를 돌리고 브레이크를 잡으면서 정비를 하고 출발을 하려 했다. 출발하기 전 사진을 찍는데 어떤 아저씨가 비올 거라고 날짜를 잘못 잡았다고 짜증나는 이야기를 했다. 하지만 우리는 그냥 무시하고 출발했다.

대략 1km를 달린 후 밥을 먹으러 갔다. 2층에 있는 음식점에서 먹고 싶었지만 11시부터 연다는 바람에 우리는 밑에 있는 편의점에서 먹을 수밖에 없었다. 편의점에서 도시락을 간단히 먹고 조금 쉬었다가 출발했다. 출발을 하려는데 승엽이 형이 1만원을 잃어 버려서 찾느라고 조금 늦어 졌다.

우리는 바로 다음 도장을 찍으러 출발을 했다. 가다가 정말 큰 폭포 하나가 보였다. 그 폭포의 이름은 '아라 폭포' 였다. 우리는 사진을 얼른 찍고 민수와 나는 속도가 느려서 다른 사람보다 먼저 출발을 했다.

하지만 동준이가 20분 만에 따라 잡아서 깜짝 놀랐다. 우리는 더 빨리 달렸지만 동준이가 금세 따라 잡아서 힘 빼는 일이라고 생각하고 그냥 천천히 가기로 했다. 가다가 형들하고 동준이가 타이어에 바람이 없어서 '아라 MTB'에 가서 타이어에 바람을 넣고 옆에 있는 편의점에서 음료수와 아이스크림을 먹고 다시 출발했다. 이번에는 내가 우리들 중에서 선두로 달리게 되었다. 형들이 우리의 속도에 맞추어서 달려주어서 고마웠다.

우리는 강을 옆에 두고 계속 달렸다. 나는 어딘지 몰라서 계속 갸우뚱 거렸는데 한참을 가다보니 왠지 익숙한 곳이 나왔다. 생각이 났다. 여기는 우리가 연습한 곳이었다. 바로 한강이었다. 우리는 가다가 도장을 찍는 곳이 나왔는데, 그 앞에는 국회의사당이 있었다. 우리는 여기까지 한 번도 쉬지 않고 달려 왔다.

힘들어서 앞에 있는 편의점에서 음료수를 샀는데 학생들이 음료수를 주면 미끄럼틀을 탈 수 있는 의자를 주었다. 우리는 한 번 미끄럼틀을 타보았다. 정말 재미있었다. 처음에는 승제 형이 젖기 싫다고 미끄럼틀을 안타려고 했지만 태웠더니 다음부터 잘 탔다. 그 모습이 좀 웃겼다. 사진 한방 찍고 떠났다.

자전거를 타니 페달에서 계속 미끄러져서 타기가 좀 힘들었다. 우리는 계속 가다가 갑자기 비가 내리기 시작해서 탄천포에서 비가 그칠 때까지 기다리기로 했다. 비가 올 때 라이딩을 하면 브레이크 고무가 갈리기 때문이다.

우리는 기다리면서 심심해서 일기를 쓰기로 했다. 일기를 쓰다가 비가 많이 그쳐서 다시 달리기 시작했다. 달리다가 익숙한 잠실대교가 나왔다. 그곳에서 정모형이 기둥을 피하지 못하고 그대로 기둥에 걸려서 넘어졌다. 우리는 걱정하는 마음으로 정모형에게 갔다. 정모형은 괜찮다고 했지만 별로 괜찮아 보이지 않았다. 일단 달릴 수 있게 정모형의 자전거를 고쳤다.

우리는 비가 많이 오기 전에 얼른 달리기 시작했다. 우리는 가다가 도장 찍는 곳이 있어서 도장을 찍었다.

그런데 비가 계속 많이 와서 조금 쉬었다가 가기로 결심했다. 형들은 도장을 찍고 오느라고 좀 늦게 나왔는데 정모 형이 조금 화나 있었던 것 같다. 도장을 찍는데 무슨 일이 있었던 것 같았다. 하지만 정모 형이 아무 말을 안 하고 그냥 가자고 했다. 원인을 모르고 가니 찝찝해서 마음에 좀 걸렸다.

조금 가다보니 엄청 큰 언덕이 나왔다. 다른 사람들은 빨리 달려서 올라가는데 민수하고 나는 뒤에서 천천히 걸어 올라갔다. 그래서 시간이 많이 걸렸다. 그리고 내려올 때는 미끄러울 수도 있으니 걸어서 내려왔는데 30분 정도가 걸렸다. 자전거를 타고 가다 보니깐 먼저 간 사람들이 앉아서 기다리고 있었다.

계속 가다보니깐 이상한 노랫소리가 들렸지만 그냥 무시하고 계속 갔다. 계속 가다보니깐 무서워서 주변을 보니 아무도 없었다. 그러다 가다보니깐 어떤 할아버지가 "에~~~~~~~~~~~~~, 아~~~~~~~~~~~~~~~"라고 하면서 달렸다. 우리는 할아버지 옆을 달리면서 들리지 않게 키득키득 웃으면서 달렸다.

거리를 달리면서 각자 학교가 달라서 각자 학교의 교가를 부르면서 달렸다. 내가 재미있는 것을 보여준다며 조용히 시키고 아까 할아버지가 부른 노래를 따라 불렀더니 동준이가 웃어 댔다.

우리는 계속 달리다가 수학을 잘하지만 길을 잘 몰라서 헤매는 승엽이 형이 우리가 사진을 찍는 동안 혼자 가다가 7km를 우리보다 더 갔다. 우리는 승엽이 형이 올 때까지 비를 맞지 않도록 지붕이 있는 곳에서 기다리고 있었다. 드디어 한 30분 후에 승엽이 형이 왔다. 하지만 비가 너무 세게 와서 출발은 못 했다. 동준이와 선생님은 밥 먹을 때를 찾는다고 먼저 갔는데 동준이가 부러웠다. 동준이는 비도 안 맞았다.

우리는 기다리다가 추워져서 그냥 달리자고 했다. 우리는 다 찬성해서 빗속을 달렸다. 비를 맞으니 많이 아팠다. 한 3분만에 도착 했다. 형들은 우리를 위해 음식점을 찾아 주었지만 결국 음식점을 못 찾고 우리가 자전거를 타고 음식점을 발견했다. 우리는 그 음식점에서 된장찌개와 청국장을 먹게 되었다.

그런데 청국장은 고무맛과 비슷해서 된장찌개를 먹게 되었다. 우리는 그 음식점에서 비가 그칠때까지 기다린 다음에 출발하였다. 우리는 비가 약간 와도 그나마 다행이라고 생각하고 계속 비를 맞으며 달렸다. 그래도 자전거를 타는 동안은 춥지는 않았다.

우리는 한 자전거도로를 통해 현재 있는 곳인 능내역까지 왔다.

1. 아라 서해갑문 인증센터에서 성우
2. 아라 한강갑문 인증센터에서 성우
3. 여의도 서울 마리나 센터에서 성우
4. 광나루 자전거공원 인증센터에서 성우

능내역까지 오는 동안 무척 긴 터널이 있었다. 승제형은 우리를 따라오면서 계속 웃고 피하고 하였다. 나는 웃으면서 올 때가 계속 무서웠다. 왜냐하면 터널은 어두운데 형이 계속 귀신소리를 내며 쫓아왔기 때문이다. 그리고 그때부터 승제형이 가장 무서운 존재가 되었다.

선생님과 승엽이 형이 숙소를 찾으러 다니는데 승제형이 타이어가 터졌다. 그런데 정모형이 그 사실을 말하지 않아서 선생님은 승제형이 걸어오는 줄도 모르고 걱정을 많이 하셨다.

우리는 겨우 숙소를 잡고, 옷을 갈아입고 샤워를 하니 정말 기분이 상쾌했다. 자전거도 녹슬지 않도록 잘 닦아주었더니 새 자전거가 되었다. 자전거도 나처럼 상쾌하려나?

자전거를 닦는 일은 어려웠지만 자전거가 녹슬면 달릴 수 없으니 잘 닦아 주었다. 자전거를 닦고 나서 형들과 과자파티를 하고 일기를 쓴다.

성우야 오늘 하루 정말 수고했다. 내일도 오늘처럼 잘 달리자. 하나님 내일은 비가 오지 않게 해주세요.

1. 아라 폭포 앞에서
2. 여의도 한강 물놀이

비오는 첫 날

20150723 Thursday
조동준

날씨: 처음엔 더웠다가 비가 왔다.

드디어 자전거 여행을 떠난다. 6시 50분에 일어났지만 여전히 졸려 눈이 감긴다. 아침으로는 간단하게 미역국에 밥을 말아 먹고 자전거를 타고 쌍문역까지 왔다. 쌍문역 앞에 와보니 성우, 민수, 선생님, 엄마들이 와 계셨다. 대형택시도 와서 택시 기사님이 자전거를 트렁크에 올려 주셨다.

자전거로 국토종단을 할 생각을 하니 정말 흥분되고 기대되었다. 엄마와 작별인사를 하고 1시간가량 택시를 타고 아라뱃길로 갔다. 그곳에서 도장을 찍고 출발하면 되기 때문이다. 가면서 대화도 하고 자려고 하니(자지는 못했다) 아라뱃길에 다다랐다.

뒤에 슈퍼 투어 리스트 짐받이도 달았으니 힘차게 달릴 각오를 하고 택시에서 내린다. 내려 보니 승엽이 형, 승제 형, 정모 형이 와 있었다.

정비를 하고 밥을 먹으러 갔다. 속도계를 세팅하고 도장도 찍고 출발하니 기분이 좋았다. 한 참을 달린 후 점심은 편의점에서 도시락을 사고 데워서 먹었다. 아주 배고팠으니 배고픈 만큼 맛있었다.

도시락을 다 먹고 출발을 했다. 쭉 길 따라 가다보니 자전거 샵이 있었다. 아라MTB라는 자전거 샵이다. 그 곳에서 내 자전거 타이어에 공기를 넣고 아이스크림도 사먹었다. 다른 형들이나 선생님도 공기를 넣느라 시간이 좀 많이 걸렸다. 그래서 선생님이 가자고 할 때 얼른 수건에 물을 묻히고 출발했다.

아, 한 가지 말 안한 게 있다. 우리는 국토종단을 하면서 수첩에 도장을 찍어야 한다. 그래서 다음 도장 찍는 구간을 향해 힘차게 달려갔다. 처음 도장은 아라뱃길 시작점에서 찍었다.

찍고 달리다 보니 비가 내리기 시작했다. 탄천에서 비가 내릴 줄이야. 농구대가 있어서 공이 있으면 농구를 하고 싶었다.

조금 기다리니 비가 그쳤다. 땅이 젖어서 빨리 달리면 매우 위험한 상황이 된다. 그래서 오르막길은 타고 가고 내리막길은 빗길에 브레이크를 잡으면 타이어가 갈리니 내려서 걸어가기로 했다. 선생님은 비오는 날에는 달리지 않는 게 좋다고 하셨다.

아까 물놀이를 했던 때로 다시 돌아가고 싶었다. 꼬마들이 빌려준 놀이기구로 경사진 미끄럼틀을 타고 내려가 물에 풍덩 빠지는 놀이. 어찌나 재밌던지 옷은 홀딱 젖었지만 마음은 즐거웠다. 처음에 싫다던 승제 형, 정모형도 한번 타고 나서 재미있다고 계속 탔다.

아까는 비가 안와서 즐거웠지만 지금은 비가 온다. 그러니 얼른 얼른 가자.

쭉 가다가 횡단보도가 나왔다. 횡단보도를 갈 때 보면 조그만 기둥이 하나 있다. 갑자기 정모형의 자전거가 기둥에 걸려 넘어졌다. 정모 형은 괜찮다고는 했지만 많이 아픈 것 같다. 다행이 크게 다치지는 않았다. 정모 형이 괜찮아 질 때 까지 기다렸다가 다시 라이딩을 시작했다. 솔직히 왜 횡단보도 앞에 그런 기둥이 있는지 알 수 없다.

쭉 가다보니 4번째 도장 찍는 곳이 나왔다.

이때 또 비가 쏟아지기 시작했다. 그래서 선생님이 터널로 와서 잠시 비를 피하자고 했는데 우리는 미처 그 말을 못 듣고 도장을 찍고 기다리고 있었다. 선생님이 다시 와서 터널로 가서 잠시 비를 피하자고 하셨다. 기다리다 비가 그치니 다시 길을 출발했다.

이때 팔당대교로 가는 길에 심한 언덕이 하나 있었다. 언덕이 연속으로 4~5개나 있는 심한 언덕이었다. 그래서 기아를 최대로 1단으로 올리고 언덕을 이 악물고 올라갔다. 근데 너무 무리를 했을까? 다리에 힘이 풀려버렸다. 내리막길은 걸어서 가야 해서 힘들었다. 땅이 비에 젖어 미끄러지기 쉽기 때문이다.

내려갈 때 다리에 힘이 들어가지 않았다. 그래도 꾸역꾸역 내려가서 타고 쭉 가다보니 승엽이 형, 승제 형이 기다리고 있었다. 이 형들은 어떻게 그렇게 빨리 올 수 있었을까? 어쨌든 애들을 기다리다 같이 합류해서 갔다.

그 다음에는 아주 긴 다리가 나왔다. 정말 가도 가도 끝이 없었다. 언젠가는 끝이 나오겠지만 그래도 아이들이랑 같이 가기는 어려웠다. 민수는 다리가 아프다고 했고 성우는 허리가 아프다고 했다. 나는 목이 아픈데…….,

내가 선두로 각자 학교 교가를 부르면서 가는데 위에서 '아~아, 예~예'하며 소리를 지르며(노래하며)오는 아저씨가 있었다. 아저씨를 먼저 보내드리고 우리는 신기한 광경에서 사진을 찍었다. 구름이 낮게 떠다니고 있었다.

쭉 가서 다시 승엽이 형 팀이랑 합류해 팔당대교를 건넜다. 이때 승엽이 형이 길을 잘못 들어서 좀 기다렸다 갔다. 나랑 탭쌤은 먼저 자전거 샵에 가서 뭐가 있나 보기로 했고 나머지는 승엽이 형을 기다리기로 했다.

왔는데 또 비가 왔다. 이번에는 쉽게 그칠 비가 아니어서 나머지 일행이 승엽이 형을 만나고 나랑 쌤이 있는 다리 밑으로 왔다. 빨리 식당을 찾자는 의견이 많이 나와서 비를 뚫고 얼른 식당으로 갔다. 반팔에 많은 비를 맞으며 가니 으슬으슬 추워 졌다. 그래서 오늘 저녁으로 된장찌개를 먹기로 했다. 식당에서 된장찌개 3개, 청국장

4개를 주문하고 먹었다. 성우는 처음에 청국장을 선택했다가 나중에 된장찌개로 바꾸어 먹었다.

밥을 든든히 먹고 비가 멈추기를 기다렸다가 조금 올 때 빨리 도로로 갔다. 다시 자전거 도로에 들어가니 어둠이 우리의 자전거 라이딩을 힘들게 했다. 비 역시 우리의 온몸을 적셔 놓았다. 비와 어둠을 해쳐 자전거 도로를 질주했다. 정말 비오는 날 야간주행을 하는 것은 처음이다. 왜 하필 하늘은 첫 날부터 비를 내려 우리를 고생하게 만드실까? 하필 첫날에 비가 왔으니 훈련은 빡세게 될 것 같다.

가는 도중 터널이 나오는데 승제 형이 귀신 흉내를 내 엄청 놀랐다. 놀란 마음을 추스르고 언덕을 지나니 5번째 도장 찍는 곳, 능내역에 도착했다.

어두워서 물웅덩이를 밟고 난리가 났다. 얼른 도장 찍고 사진 찍고 다시 출발했다. 계속 어둠과 비를 뚫고 가다보니 어느새 모텔이 있는 곳에 다다르게 되었다.

오늘의 숙소는 동남모텔이다. 자전거를 엘리베이터에 싣고 숙소로 올라가 자전거를 깨끗이 닦고 정비했다.

아라 서해갑문에서 동준이

오늘 내 자전거가 너무 힘들었을 것 같다.

첫 여행 날에 잘 달려 주어서 정말 고마워.

모두 아자, 아자, 파이팅!

- 정보 - 아라뱃길 서해갑문 → 능내역(읍)
- 총 주행거리 - 약 89km
- 숙소 - 동남모텔
- 오늘 좋았던 것
  - 값진 경험을 한 것 자전거 공기 넣는 법을 배운 것
  - 좋은 숙소를 찾은 것
  - 내가 스스로 내 자전거를 정비하고 청소한 것.
- 오늘 안 좋았던 것
  - 비를 맞아 추운 것
  - 찝찝했던 것
  - 승제 형이 자꾸 겁준 것

1. 아라 한강갑문에서 동준이
2. 여의도 서울 마리나 센터에서 동준이
3. 광나루 자전거공원에서 동준이
4. 능내역 인증센터에 도착하다

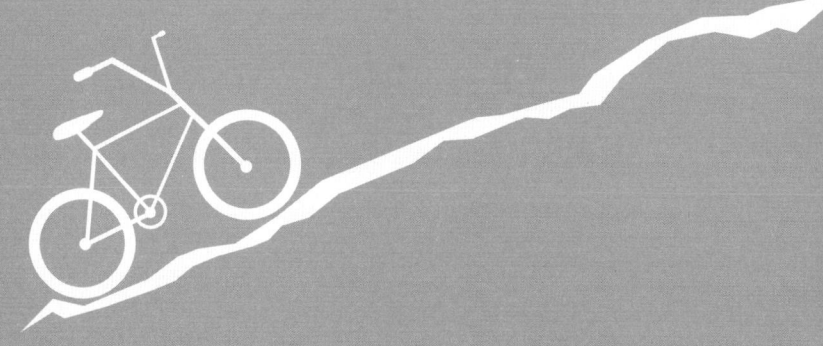

즉시 행할 것은 행해야 사고도 안 당하고,
순간의 좋은 기회를 놓치지 않고 행함으로
그 뒤를 따라 더 좋은 것을 얻게 됩니다.

2015년 7월 24일 금요일, 둘째 날

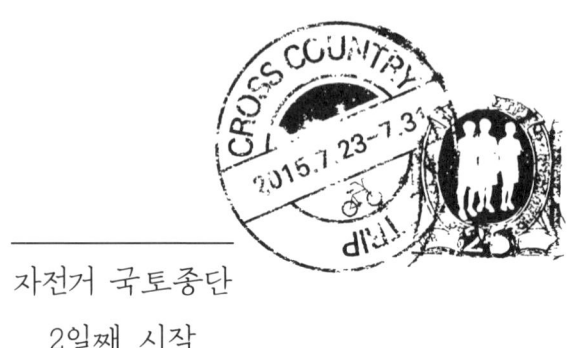

자전거 국토종단
2일째 시작

20150724 Friday
김길환 선생님

모두들 피곤해서 오전 9시에 기상을 했다. 날씨가 아직 흐리고 비가 와서 많이 못 갈듯 하니 더 쉬도록 한 것이다.

아침은 동남장 모텔 건물 1층의 식당에서 먹는다. 식사 후 얼른 채비를 다 하고 밖에서 모인다. 자전거를 숙소에서 내리고, 패니어를 달고, 어제 빨래 맡겼던 것을 찾고… 일일이 다 정리하고 나가는데 1시간도 넘게 걸리네.

비는 여전히 솔솔솔 내린다. 현관에 서서 비가 내리는 것을 좀 지켜보다가 약해진 빗줄기를 타고 얼른 달린다. 다음 인증센터인 **양평군립미술관**까지 한 번에 달려보자.

용담 터널을 지나는데 빗방울이 퍼져 안개같이 수증기가 퍼져있어 운치가 있네~

빗길에 아이들이 추울 것을 걱정하여 긴 옷을 입고 출발하도록 준비를 했는데 다행히 큰 빗줄기는 내리다가 금방 멈추고 보슬비가 계속 내리기에 몸에서 열이 좀 나기 시작한다.

양평군립미술관까지 가는 길.

민수가 약간씩 뒤쳐져 속도가 떨어진다. 빗길을 달리기에 속도를 끌어올리라고 따로 주문을 하지는 않는다. **양평군립미술관** 인증센터로 꺽어들어 가는 길에 내리막이 있는데 그곳에서 성우가 미끄러져 넘어져 버렸네.

인증도장을 찍을 때 비가 안 내려주어 감사하다.

양평군립미술관 인증센터에서 서울쪽으로 100m쯤 오면 '바이크루'라는 자전거샵이 하나 있다. 이곳에서 모두 브레이크 패드를 구입했다. 비가 내려도 브레이크 잘 잡고 열심히 달리도록, "고무 패드가 갈리는 것을 염려말고 꽉꽉 잡으면서 잘 달려라"고 하였다.

자전거 브레이크를 잡을 때마다 끽끽 거리는 소리가 나는 이유가 브레이크 고무패드가 바퀴의 림에 닿아 마모가 되는 소리이다. 평소에는 내리막에서 아무리 잡아도 별 영향이 없지만 빗길 속을 달리며 브레이크를 잡으면 고무가 물에 닿아 금방 마모된다.

비가 좀 그쳐서 다시 출발 하려고 타이어와 브레이크 상태와 모두의 프론트랙이 제대로 장착되어 유지되고 있는지 확인을 하는데, 민수 자전거의 프론트랙의 볼트가 느슨해져 있는 것이 보인다. 이것을 다시 튼튼하게 조이고 출발하려는데 민수의 발 주변이 신발 안쪽에 의해 자꾸 걸려 발목 주위가 벌겋다. 신발을 다른 것으로 구할까 얘기하는데(이 신발은 제주걷기여행 때 샀던 것인데 이번 여행에도 신고 온 것이네.) 신발이 문제는 아닌듯 하네. 그래서 주변에 편의점이 보여 그곳에서 복숭아뼈까지 덮는 양말을 구매해서 신도록 하니 괜찮다고 해서 다행이다.

이상하게 애들의 지금 여행 패턴이 비가 그쳐 있을 때는 쉬면서 시간이 가고 달리려고 하면 또 비가 내린다. 날씨가 좋았다면 강변으로 펼쳐지는 풍경이 참 보기좋았을 터인데 비가 안 오는 것으로 만족하며 가야한다니 아쉽다.

*이포교*를 가기 전에 오르막 10%의 경사가 나오는 구간이 있는데 동준이는 잘 오르는데 민수와 성우가 힘겨워 하는구나. 정상에 오르면 그 다음 이어지는 내리막은 경사 12%라 나온다. 굴곡도 있고, 빗길이기에 아이들을 걸어서 내려가게 한다. 민수가 자전거를 잡으며 내려가면서 힘들어 한다. 이후 민수는 내리막에 힘을 너무 썼다며 기력이 빠져 속도를 잘 내지를 못한다.

이포교 도착.

'이포대교'는 비행기의 꼬리부분이 물에 잠겨있는 듯한 아주 예술

적인 다리이다. **이포보**에서 **여주보**까지가 아주 달리기 좋은 코스인데 민수가 속도를 내주질 않아 너무 내가 힘들다.

쉬엄쉬엄 가면서도 **여주보** 다리를 드디어 건넜다. 비가 안 오니 얼른 사진을 찍는다.

다리에서 관리를 하는 아저씨께 묻는다.

"앞으로 가야 할 **강천보**까지 숙소가 좀 있나요?"

"저기 보이는 빌딩들이 마을인데 이 자전거 도로 따라 가다보면 첫 번째 다리 지나고 두 번째 다리인 '여주대교'를 오르면 바로 모텔들이 있어요." 하시며 다시,

"헤맬 것도 없어요. 바로 자전거 도로로 가다보면 우측에 두 개가 보여요."

숙소 정보를 미리 얻었으니 이곳 **여주보**에서 좀 쉬어야지.

여주보 인증센터에는 바로 2층에 편의점이 있고 화장실, 식수대 등이 있다. 이곳 편의점에서 간단히 요기를 하고 **여주보** 전망대도 오를 수 있기에 같이 올라가 본다. 이 곳도 날이 좋았다면 아주 전망이 좋을 뻔 했는데…

비를 맞아 몸이 꿉꿉한데 수돗가가 있어도 안 씻게 된다. 어차피 또 비 내리면 엉망이 되니 그냥 내 몸도 자전거도 그대로 두게 될 정도가 되어버렸다.

여주보에서 **강천보**는 10km 정도 거리이다. 가면서 숙소가 나온다니 편안한 맘으로 간다.

'여주대교'를 올라 자전거도로를 따라 꺾으니 바로 우측에 하이모텔'이 보인다. 신호등을 건너 찾아간다. 주인 내외분이 반갑게 맞아주신다. 아이들과 함께 고생한다고 방값도 싸게 해주셨다. 이 모텔 지하에 아주 넓은 자전거 보관이 가능한 공간도 있다.

 우선 자전거에 묻은 이물질 등을 다 씻겨내려야 한다고 말씀드리니 지하수 퍼온 것이 있다고 그 물로 우리 모두의 자전거를 씻겨내도록 해 주셨다.

 내 브롬톤과 정모의 브롬톤은 접어서 숙소로 갖고 와서 화장실에서 씻겨 내리고 접어서 방에 보관한다. 브롬톤은 이런 점에서 참으로 편리하고 유용하다.

 301호 방을 얻었는데 불편할 것 같다며 302호도 무료로 개방해 주셨다. 어제와 다른 너무 친절한 주인분이시다. 그런데 어제의 동남장 숙소에서도 아주머니가 그랬지만, 이곳 하이모텔 아주머니도 역시 "자전거 여행객들은 방을 너무 지저분하게 만들어서 속상해요." 라고 하신다.

1. 이포교 인증센터 도착
2. 여주보 인증센터에서
3. 강천보 근처의 하이모텔에서 자전거를 닦고 있다

"수건은 온통 기름때, 먼지로 가득하고 이불도 더럽게 만들기 일쑤라니까요."

그래도 이렇게 우리에게 친절히 해줄 것 다 해 주시니 너무 감사하다. 우리 자전거 여행객들이 다른 자전거 여행객을 생각하여 숙소를 말끔히 쓰는 매너도 있어야겠다는 생각을 다시 한 번 하게 되었다.

밖은 비가 내려 중국집에서 배달음식으로 저녁을 해결했다. 이곳에서 하루를 정리한다.

오늘 노정은 5.**능내역** 인증센터(양수리) 출발 - 6. **양평군립미술관** - '바이크루' 자전거샵 - 7. **이포보** 인증센터 - 8. **여주보** 인증센터 - '여주대교' 하이모텔 이다.

오늘 달린 거리는 54.60km 이고,

현재까지 국토종단 총주행 거리는 143.84km 이다.

- 먹거리 - '양수리' 마을 식당
- 잠자리 - '양평군' 마을, **강천보** 마을
- 화장실 - **양평군립미술관**, 편의점,
- 자전거샵 - **양평군립미술관** 근처 '바이크루',
  여주대교 남단 동쪽 자전거 도로쪽 하나.

자전거 국토종주 2일째 끝 (150724 Fri.)

힘들었던 이틀의 시간

20150724 Friday
박성우

양수리에서 비가 그치면 출발을 하기 위해서 먼저 9시에 일어나서 아침을 먹었는데 오늘도 또 된장국을 먹었다. 식당아줌마는 모텔아줌마와 달리 친절하셔서서 우리는 기분 좋게 아침을 먹을 수 있었다. 계란후라이도 주시고 공기밥도 공짜로 주셔서 정말 맛있게 배불리 먹었다. 우리는 물을 채우고 자전거를 가지고 내려와서 비가 그치기를 기다리는데 선생님하고 승엽이 형이 무언가 심각한 이야기를 하셨다. 우리는 그런줄도 모르고 철없이 비가 그칠 때를 기다리고 있었는데 비가 조금씩 약해져 출발하였다.

우리는 비를 맞으면서도 재미있게 자전거를 탔다. 다행히 비가 오지 않는 용담터널로 들어갔다. 나는 어제 승제형이 겁을 준 것이 생각나 무서운 마음에 페달을 빨리 밟아 도망을 갔다. 그렇게 터널을 나가니 다시 비가와 기분이 꿀꿀해 졌다. 하지만 이정도 고생은 각오를 했으니 그냥가기로 했다.

몇 개의 터널을 지나서 타이어 고무패드를 갈기 위해 자전거샵에 갔다. 내 자전거 앞 브레이크에서 고무 갈리는 소리가 들려서 갈아야만 했다.

자전거샵으로 가는 도중 내가 핸들을 잘못 꺾어서 흙이 있는 곳에서 넘어지고 말았다. 그 때문에 오른쪽 발목이 무지 아팠다. 하지만 나는 다른 사람들에게 피해가 갈까봐 말도 하지 않고 그냥 갔다. 다행히 자전거 샵에서 시간을 조금 쓰는 동안 발목이 괜찮아졌다.

우리는 아이스크림을 먹었는데 나는 EXID가 선전하는 '구구콘'을 먹었는데 민수가 먹은 월드콘이 더 맛있어 보여 나도 그걸 먹을 것 후회했다.

아이스크림을 먹은 후에는 민수 양말이 불편해서 건너편 'CU'에서 민수 양말을 샀다. 양말을 사 오시는데 선생님 손에 무언가가 들려 있어 보았더니 허니버터칩이 있었다. 나는 허니버터칩을 좋아하지는 않지만 그래도 맛이 없지는 않았다. 하지만 허니버터칩을 다 먹기도 전에 다시 비가 와서 우리는 터널로 피해 허니버터치을 다 먹었다. 다행히 허니버터칩을 먹고 나니 비가 그쳐 우리는 다시 출발할 수 있었다.

나는 다시 열심히 달리기 시작했다. 하지만 다시 한번 넘어져서 다리가 다시 아팠다. 하지만 어제와는 달리 노팬티로 달린 덕에 아픔을 잊을 수 있었다. 내가 노팬티를 달린 이유는 선생님께서 팬티 없이 달리면 정말 시원하다고 하셔서 그 말을 믿고 시험삼아 팬티를 입지 않았는데 정말 시원했다. 처음에는 좀 어색하고 불편한 것 같았지만 계속 달리다 보니 정말 시원했다.

조금 가다보니 승제형이 시합을 하자고 해서 시합을 하게 되었다. 처음엔 승제형과 시합이 되지 않을 것 같았는데 달리다 보니 별 차이가 나지 않았다. 승제형 가방이 조금 흔들거리는 것 같아 정비를 하고 다시 달렸는데 앞에 엄청 큰 언덕이 나타났다. 처음엔 자전거를 타고 갔는데 가다보니 힘들어 내려서 걸어가야했다. 언덕높이가 한 700미터 정도 되는데 올라가는데만 힘이 빠졌다. 내려갈 때는 좀 편할 줄 알았는데 미끄러워서 자전거를 타지 못하고 자전거를 끌고 내려와야 했다.

1. 양평군립미술관에서 성우
2. 이포보 인증센터에서 성우
3. 여주보 인증센터에서 성우

이 구간은 오르막길은 경사가 10%였는데 내리막길은 경사가 12%나 되었다. 엄청 힘들었지만 그래도 내려가는 길은 올라가는 길보다는 쉬워서 괜찮았다.

가다보니 저 멀리 이포보가 보였다. 우리는 이포보 위로 건너지 않고 계속 가다보니 내리막길이 계속되어서 좋았다.

언제나 오르막길이 있으면 내리막길이 있고 내리막길이 있으면 오르막이 있기 마련이다. 조금 가니 다시 오르막이 시작되었다. 하지만 다행히 경사가 낮아서 그리 힘들지는 않았다.

계속 달리다 보니 저 멀리 여주보가 흐릿흐릿하게 보이기 시작했다. 그런데 선생님 말씀이 오늘 목표가 여주보까지라고 말씀하셨는데 나는 그 말을 듣자마자 힘이 빠졌다 아직도 여주보는 멀리 있는데 거기까지 가야 한다는 말에 힘이 빠졌다. 앞도 보이지 않고 뒤도 보이지 않았다. 그래도 어쩔 수 없으니 페달을 밟기는 했지만 정말 내가 이 여행을 잘 할 수 있을까라는 걱정이 생겼다. 하지만 내가 나를 못 믿으면 누가 나를 믿어주겠나라는 생각이 들었다. 그래서 나는 할 수 있다라는 생각으로 달려서 나는 괜찮아라고 생각하면서 계속 달렸다.

그렇게 달리다 보니 우리는 드디어 여주보앞에 도착할 수 있었다. 정말 감격이었다.

다리를 건너고 보니 민수와 선생님이 오고 계셨다. 민수도 정말 힘들어 보였다. 하지만 포기하지 않는 민수를 보니 정말 멋져 보였다.

　도장을 찍고 150미터 떨어져 있는 편의점에서 간식을 먹고 승제 형이 화장실을 다녀온다고 갔는데 그곳에서 전망대를 발견하고 선생님께서 전망대에 가지고 하셔서 전망대에서 여주보를 보고 사진을 찍고 아리수에서 물을 담아 비타민을 타서 먹고 힘을 내서 다시 출발하였다.

　우리는 여주보 관리인께 모텔 위치를 확인하고 모텔을 찾아갔다. 오늘 모텔아주머니는 어제 주인보다 훨씬 마음씨가 좋고 친절하셨다. 물도 마음껏 쓰라고 하시고 휴지도 많이 주셨다. 오늘은 천국을 온 듯했다. 방도 좋고 더 넓었다. 샤워를 하는데 짜장면이 먼저 와서 밥부터 먹게 되었다. 이때 "밥먹자 밥먹자 밥먹고 하자"란 노래가 생각났다.

　오늘 일기를 쓰고 꼭 '뱅'이라는 게임을 하고 말 것이다. 현재 시간이 9시49분이니 충분이 시간이 날 것이다.

　오늘은 라이딩 빼고 정말 재미있는 하루였다. 내일은 비가 많이 안 오면 좋겠다. 그렇다면 정말 열심히 달릴 것이다. 비가 온다면 자신이 없지만 비가 오지 않는다면 잘 달려서 자유시간을 많이 가지고 싶다. 어제처럼

　그래도 오늘은 힘든 하루였다.

즐거운 둘째 날

20150724 Friday
조동준

날씨: 비가 약간 왔긴 했지만 어제보단 나았다.

동남모텔에서 눈을 떴을 땐 8시였다. 어제 1시 반에 잤기 때문에 눈이 저절로 감겼다. 선생님은 침대에, 나와 민수는 바닥에, 성우는 쇼파에서 잤다. 아직 비가 오기 때문에 조금 더 자자고 한 선생님의 말씀을 듣고 1시간 후인 9시에 눈을 떴다.

얼른 잠을 깨고 옷을 입고 밥을 먹었다. 나는 어제처럼 된장찌개를 먹었다. 맛있게 밥을 먹고 나니 배가 불렀다. 밥을 든든히 먹고 두 번째 날의 여행이 시작됐다.

길거리의 물웅덩이가 너무 많아 자전거타이어가 흠뻑 젖었다.

동시에 우리의 옷도 흠뻑 젖었다. 가면서 어두운 터널도 4~5개 나왔다. 가장 어두운 터널을 지나고 나니 언덕들이 몇 개 나왔다.

그 다음 양평군립미술관으로 열심히 달렸다. 내리막길이 경사가 조금 심했었다. 드디어 인주 찍는 체크포인트에 도착했다.

그때 선생님이 성우가 넘어졌다고 했다. 뒤따라오던 성우는 다행히 끄떡없어 보였다.

도장과 사진을 찍고 보물섬 박물관으로 갔다. 입구에서 기다리다 선생님이 나오셨다. 선생님은 볼 것이 별로 없다고 그냥 가자고 하셨다.

그 다음 자전거 샵으로 가서 고무패드를 샀다. 고무패드는 바퀴에서 바퀴를 멈추게 하는 역할을 한다. 브레이크를 잡으면 고무패드 2개가 타이어를 꽉 조여 자전거를 멈추게 하는데, 빗길에서 브레이크를 잡으면 그 고무패드가 쉽게 닳아 없어진다.

고무패드와 아이스크림을 샀다. 아이스크림은 옆에서 콘 아이스크림을 사서 먹었다. 그때 선생님이 편의점에 가기로 했다. 민수가 발이 아파 양말을 하나 사기로 했기 때문이다. 횡단보도를 건너고 선생님과 민수가 편의점에 양말을 사러 갔다. 기다리는 동안 성우와 나는 농구 슛 쏘는 연습을 했다.(당연히 공 없이)

민수와 선생님이 돌아올 때 선생님이 허니버터칩을 사서 오셨다. 허니버터칩은 예전에 매우 희귀했던 과자이다. 전에 몇 번 먹어보긴 했지만 오랜만에 먹어보니 나쁘지는 않았다.

조금씩 비가 내려 다리 밑에서 먹었다. 민수는 나중에 먹기로 하고 다시 길을 떠났다.

　이포보에 가니 정자가 나왔다. 승제 형의 가방이 이상해서 고치고 가기로 했다. 가방을 다 고치고 달리니 언덕이 나왔다. 그래서 이를 악물고 언덕을 건넜다. 심한 언덕이어서 올라가고 내려갈 때 자전거를 끌고 갔다. 나중에 타고 가보니 버스정류장이 나와서 승엽이 형, 승제 형이랑 버스 정류장에서 기다렸다. 나중에 선생님, 민수, 성우 정모 형이 오고 앞의 언덕을 다시 건넜다.

　이포보를 달리는 중이다. 언덕과 물웅덩이를 제치고 인증센터에 도착했다. 비행기처럼 생긴 다리가 나왔다. 건너지는 않고 사진만 찍고 다시 출발했다.

　출발하고 다시 끝이 없는 라이딩이 시작됐다. 성우와 같이 나란히 달리다가 형들을 따라갔다. 뒤쪽에 선생님, 민수, 성우가 있었다. 잠시 벤치에서 쉬었다가 다시 출발했다.

　정모 형과 나는 같이 달리다가 조그마한 다리가 하나 나왔다. 민수를 기다렸다가 민수가 너무 힘들어 해 다리를 건너 육포를 먹으면서 쉬었다. 자연의 화장실도 이용했으니 힘차게 출발!

　언덕을 지나고 평지가 나오니 이제 좀 라이딩을 하기 편해졌다. 쭉 평지가 나오니 승엽이 형과 승제 형은 정말 좋아했다. 나와 승제 형은 달리기 시합도 했다. 물론 자전거를 잘 타는 승제 형이 이겼지만 그래도 엇비슷하게 탔다. 승제형은 최대 시속 45㎞까지 달린 적도 있다고 했다.

쭉 달리고 여주보에 진입했다.

또 시합을 할까 생각했지만 그러면 너무 힘들까봐 계속 페이스를 유지하면서 앞에 있는 편의점까지 달렸다. 편의점은 건물 2층에 있었다. 엘리베이터를 타고 2층으로 올라가 과자와 아이스크림, 음료수를 먹고 다시 출발했다. 간단히 요기를 하니 힘이 펄펄 났다.

인증도장도 찍고 길도 물어보았으니 열심히 달리자! 몇 키로만 더 달리면 숙소에 도착하니 기분 좋은 마음으로 라이딩을 했다.

다시 코너를 돌고 언덕을 지나고 물웅덩이를 지나니까 '하이 모텔'이라는 우리의 잠자리가 나왔다. 도착을 하고 주인분과 얘기를 나누다가 자전거를 먼저 닦기로 했다. 자전거를 뒤집어서 물을 뿌렸다. 한 명씩 물을 뿌려 주시는 선생님이 감사했다.

자전거를 깨끗이 닦고 물은 수건으로 정성스레 닦았다. 군데군데에서 때가 묻어났다. 특히 고무패드가 닳아서 타이어 주변이 새까맣게 변했다. 손잡이와 프레임을 닦고 가방은 숙소에서 닦았다.

그런데 왜 항상 내가 꼴찌인지 도저히 나는 모르겠다. 정류장에서 쉴 때도 출발할 때 내가 제일 늦었고 오늘 동남모텔에서 출발할 때도 내가 준비가 제일 늦었다. 빨리빨리 해야겠다는 생각을 하며 숙소에 가보니 정모 형은 자전거를 닦고 있었고 민수와 성우는 샤워를 하고 있었다.

이 곳 주인 아주머니가 한 방에서 7명이 자기에는 너무 비좁은 것 같아 2개의 방을 주셨다. 나도 옷을 갈아입고 샤워를 했다.

오늘의 여행을 되돌아보았다. 동남모텔에서 출발해 자전거 샵에 들렀다가 허니버터칩을 먹고 이포보를 지나 10%, 12%언덕을 건넌 것, 어저께 대학생 형 둘이 우리의 짐받이를 부러운 눈빛으로 쳐다본 것 등 모든 것이 주마등처럼 지나갔다.

민수와 빨래를 세탁하고 다시 숙소에 와서 이 일기를 쓴다. 내일도 오늘처럼 힘차게 달려 내가 우리 일행의 짐이 아닌 힘이 되고 싶다.

우리 모두 Fighting!

- 오늘까지 총 주행거리: 141.86km, 오늘: 54.6km
- 오늘 좋았던 것:
  - 승제 형과 라이딩 시합을 한 것
  - 편의점에서 간식을 많이 먹음
- 오늘 안 좋았던 것:
  - 언덕이 많은 것
  - 약간의 비가 온 것

1. 양평군립미술관에서 동준이
2. 이포보 인증센터에서 동준이
3. 여주보 인증센터에서 동준이
4. 이포보 다리를 배경으로

2일차
고통의 자전거

20150724 Friday
강민수

비가 많이 와서 오전 9시까지 푹~잤다. 9시에 일어났는데 아침부터 배가 너무 고팠다. 배고픈 내 마음을 아셨는지 식당 아주머니께서 반찬도 많이 주시고 공기 밥도 그냥 더 주셨다. 덕분에 든든하게 먹을 수 있었다.

숙소로 가서 출발 준비를 하는데, 비가 많이 와서 숙소 밑에서 기다렸다가 출발을 했다. 오늘은 오르막 길과 터널이 많았다. 맨 처음 터널은 안개가 많고 조금 어두웠다. 터널 양쪽에 안개가 많아 멋있었다. 이 터널의 이름은 용담 아트 터널이다. 다음에 아빠랑 같이 한 번 와보고 싶다.

오늘은 달리는 중에 유독 터널이 많이 나왔는데, 그 중 세 번째 터널은 아주 깜깜하고 앞에 아무것도 안 보여 속도도 못 내는데, 다행히 승제 형이 달리면서 후미 등을 켜줘서 겨우 앞을 볼 수 있었다. 터널이 이렇게 어둡고 추운 건 오늘 처음 알았다. 어떤 터널은 불에 탄 냄새가 나서 싫었다.

터널이 끝나자마자 밖으로 나오니 햇빛이 비쳤다. 비가 그쳐 있어서 너무 좋았다.

터널을 다 지나고 자전거 샵에 갔는데 문이 닫혀 있어서 양평에 있는 자전거 샵으로 가기로 하였다.

양평까지 쉬지도 못하고 계속 달렸다. 양평군립미술관에 가서 수첩에 도장을 찍었다.

성우가 미술관으로 내려 오는 내리막길에서 미끄러졌는데 바로 일어서서 마치 아무 일도 없었다는 듯이 해 맑게 웃으면서 걸어 왔다. 다치지 않아서 다행 이라고 생각했다.

자전거 샵에 도착해서 브레이크 패드를 사고 기름칠을 하는 동안 우리는 마트에서 아이스크림을 사먹었다. 나는 발목이 없는 양말을 신어서인지 발목이 너무 아팠다.

옹달 아트 터널안에서

건너편에 있는 CU에서 발목이 긴 양말을 사서 신었더니 한 결 편해졌다. 쌤이 허니 버터 칩을 잔뜩 사서 형들과 우리에게 하나씩 나누어 주었다.

그런데 다시 비가 내리기 시작해서 비를 피해서 다리 밑으로 들어갔다, 허니 버터 칩을 먹으면서 비가 빨리 그치길 기다렸다.다리 밑에서 쌤이 말씀하시길, 우리가 쉴 때는 비가 그치고 출발 할 때는 비가 온다는 것이다. 쌤이 비 그치길 기다려봐야 소용 없다고 그냥 출발 하자고 했다.

이포보까지 아무 일 없이 무난하게 도착을 했다. 수첩에 도장을 찍고 바로 출발을 하였다.

나는 쉬지 않고 여주보까지 13~17km로 달렸다. 너무 힘이 들어서 다리에 힘이 풀렸지만 다시 죽을힘을 다해 2시간 정도 달려서 겨우 여주보에 도착을 했다.

여주보에 도착을 해서 도장과 사진을 찍고 옆에 있는 CU에서 간식을 먹고 전망대에서 사진을 찍었다. 쉬고 나니 다시 몸이 좀 편해졌다.

쌤이 근처에 숙소가 있냐고 지나가던 아저씨에게 물어보니 다리로 올라가면 있다고 해서 그쪽으로 갔다. 10분 정도 달리니 숙소가 보였다.

오늘은 숙소를 빨리 찾아서 너무 좋다. 자전거를 닦아서 지하실에 넣어놓고, 우리는 숙소로 들어가 샤워를 하고 빨래를 하였다.

밥은 나가기가 너무 힘들어 중국집에 밥을 시켜 먹었다. 배가 부르니 눈이 감긴다,

아…오늘은 비도 많이 오고 터널도 많고, 오르막길과 내리막길에서 자전거를 끌고 다녀서 정말 힘들었다.

오늘 달린 거리 - 54.6km

총 주행거리 143.83km

1. 양평군립미술관에서 민수
2. 이포보 인증센터에서 민수
3. 여주보 인증센터에서 민수
4. 숙소에서 저녁식사

여주보 다리에서 모두 모였다.

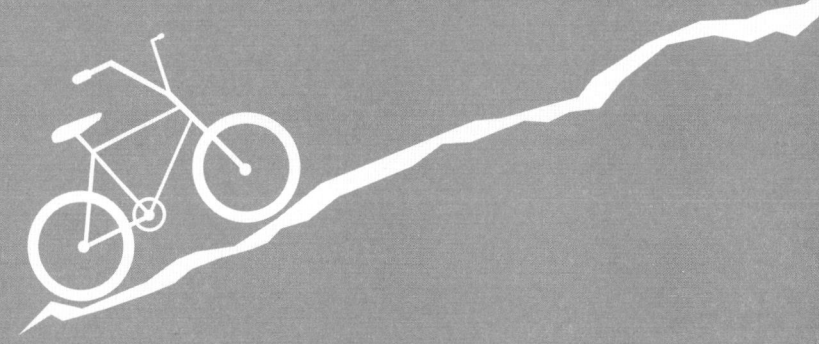

자기 정신과 마음에 대하여 배우고 다스려야 합니다.
수고를 많이 했더라도 마음 한 번 잘못 다스리면
그동안 수고한 것이 다 무너져 버립니다.

2015년 7월 25일 토요일, 셋째 날

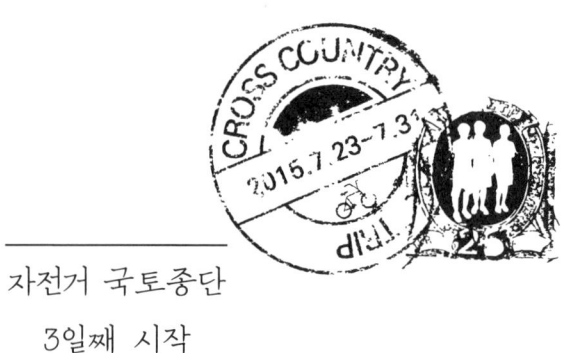

자전거 국토종단
3일째 시작

20150725 Saturday
김길환 선생님

 이 숙소에서 아침 6시에 어제 했던 빨래를 건조해서 주겠다 하여서 우리도 그 시간에 맞추어 기상을 하기로 했다. 아이들이 몸이 무거운지 느릿느릿 말을 안 듣는다. 승엽이 팀도 옆방에서 전화를 해도 받지를 않아! 내가 옆방으로 직접 가서 빨리 움직이자고 말을 하는데도 반응이 없어?
 결국 내가 한 마디 하게 만드는군. 지금 비가 안 오고 있는데 얼른 출발을 해야 하는데 말이다!
 아침 식사를 할 수 있는 식당이 바로 주변에 있어 우선 다같이 식사부터 한다. 식사는 백반. 여행 중 밥을 먹는 걸 보면 그 사람의 그

날의 컨디션을 안다. 모두 못 먹는 이는 없는 듯하다. 오전 7시에는 출발 할 수 있도록 준비를 다 끝내도록 얘기했다.

날씨가 다음 주에는 괜찮아 질줄 알았는데 일기예보를 보니 또 태풍이 북상하고 우리가 가는 코스로 지나간다네. 결국 앞으로의 일정도 빗속을 계속 달리게 되는구나... 그렇다면 날이 좋기를 기다려 그 때 빨리 달릴 게 아니라 지금 비 오고 흐린 날 가운데 기회를 잡아 비 안 내릴 때 최소한 몸에 비를 맞히지 않고 달리는 방법을 써야겠다.
 그래서 마음을 바꾸었다. 오늘부터는 빠르게 움직여보자. 다행히 오늘 비는 내렸다 안 내렸다 하니 그 기회를 잘 타도록 해 보자. 이렇게 맘을 먹고 아침을 시작하는데, 깨워도 일어나지를 않으니 내가 열이 나는 것이다.
 7시까지 준비 끝. 모두 1층으로 모였다.
 아까 방에서 민수 패니어 안쪽 고리에 웬 볼트가 박혀있어 이게 뭔가 싶어서 빼서 갖고 있으라 했었는데, 1층에 모여서 출발 전 자전거 점검을 하는데, 역시 그 볼트는 민수의 프론트랙 우측 나사가 아까 빠진 것이다.
 어떻게 그 볼트가 떨어져 나와 사라지지 않고 달리는 중에서도 패니어에 끼어있었는지, 또 너트는 어디로 사라졌는지... 볼트, 너트를 따로 챙겨온 것이 없기에 이걸 어찌 해결하나 싶어 고민하는데, 다행스럽게 민수는 뒷짐받이로 수퍼투어리스트를 달아 놓았기에.

패니어를 뒤에 장착하고 달리도록 하였다.

'여주대교'를 건너와 **강천보** 가는 남단길에 바로 자전거샵이 하나 보였는데 아침 일찍인지라 문은 닫혀있다. 그리고 그 자전거 길로 가면서 우측에 모텔들이 무수히 많은 것을 확인한다.

강남초교 자전거국토 순례단을 만났다. 관광버스와 트럭이 한 대 간다. 학생들과 아버님들까지 합쳐 50명이 라이딩을 하고 있다고 하네. 잠을 해결하는 것이 제일 어렵다고 하시는데 사우나에서 해결한다고 하신다. 작년에는 이미 4대강 종주를 했었다고 한다. 이 학교는 매년 국토 곳곳을 다양하게 다닌다고 하시네. 50명의 라이딩을 한 번 보고 싶었으나 우리와는 갈 길도 다르고 아직 오려면 15분은 넘게 걸린다 하니 그냥 가야지.

비는 이제 서서히 그친 듯 하고 한적한 자전거 도로를 가는데 구름이 잔뜩 끼었어도 공기는 맑고 더워지기 시작한다. 약간의 언덕 구간에서 일행들이 기다리는데~ 돌조각으로 용머리를 멋지게 잘 해놓은 곳에서 샘물이 콸콸 나온다.

'이거 시원하겠다' 싶어서 모두 서 있는 김에 오라해서 씻고 가게 한다. 등목을 하자고 했다. 너무 너무 시원하다. 아이들은 등목이 뭔지를 몰라 처음에는 어색하여 안 할려고 했지만 이내 시원함을 알고 다같이 동화되어 한다. 아주 즐거운 시간이네.

이 '샘개물'은 가뭄 때도 마르지 않는다고 하네. 아주 귀한 곳이로구나!!

'**비내섬** 인증센터'가 언제 생겼을까? 나의 4대강 인증수첩은 2012년 수첩인지라 **비내섬** 인증센타가 안 보이네. 그래도 도장이 있으니 그 거리쯤에 찍어놓는다.

동준이가 날이 뜨거우니 자전거를 멈추고 몸이 가렵다고 한다. 딱 보니 몸에 열이 올라 그런듯해서 시원한 물로 등과 가슴에 뿌려주니 괜찮아졌다.
　충주댐 인증센터를 가기 위해 심한 언덕을 하나 오를 것이라 얘기했는데 지금 **충주댐** 보조여수로 건설공사라 인증센터가 가까운 곳으로 옮겨졌다.

1. 양비내섬 인증센터에서
2. 충주댐 인증센터에서
3. 강천보 인증센터에

덕분에 도장은 금방 찍었는데 **충주댐** 정상에 올라 내려다보았던 그 풍경이 아쉬워 다리 가운데로 옮겨서 **충주댐**이 나오도록 사진을 남긴다.

이로서 오늘 한강종주는 끝냈다. **아라서해갑문**에서 시작하여 **충주댐**까지 우리가 달린 거리는 대략 215.66km 이다.

한강 종주는 비와 함께 생고생 스타일로 정리가 되었네. 이제 '새재길'로 들어서도록 해 보자.

충주탄금대까지는 가볍게 10km 정도 달리니 인증센터가 나온다.

이곳에서 인증도장을 찍고 '새재 자전거길' 을 시작한다.

무술공원에 바닥분수라고 있는데, 이곳에서 시원하게 물이 뿜어져 나오는 걸 보고 '잘되었네. 이곳에서 자전거 좀 깔끔하게 씻어내야겠다.' 생각하고, 자전거만 간단하게 씻어내려고 했는데 물줄기가 거세어서 반사되니 온몸으로 다 튄다. 결국 모두 샤워모드가 되어서 신나게 물놀이도 하고 더위를 식히게 되었다. 꼬마들만 신나게 노는 곳에 우리 일행들이 난리가 나니 사람들이 신기하게 다 쳐다본다. 땀으로, 빗물로 범벅이 되어 버린 몸과 옷, 자전거를 시원하게 씻어내리는 시간을 가졌다.

오늘은 이곳 무술공원 가까운 곳에서 숙소를 찾아볼려고 한다. '충주터미널'이 가까운 곳에 있으니 숙소도 금방 찾을 것으로 생각했다.

역시나 바로 자전거 도로로 가다보니 몇 십 미터 바로 옆에 백운장 파크가 있네. 이곳 301호실에 우리 모두 7명이 쉰다.

 분수물로 자전거를 적시긴 했지만 진흙의 흔적은 그대로 자전거에 남아있기에 오늘도 자전거는 마른 수건을 빌려 깨끗이 물기와 흙자국 등을 닦아내 준다. 3일 연속 숙소에 도착하면 자전거를 먼저 닦는 시간이네. 이제 더 이상 비는 안 왔으면 좋겠군.

 내일 아침은 일찍 출발하니 편의점에서 아침을 해결하고 시작하기로 했다. 내일 속도계 세팅을 다시 0으로 해서 '새재길' 거리는 어느 정도인가 체크해 봐야겠다.

 오늘 달린 거리는 82.31km 이고, 오늘까지 달린 국토종주 총 주행 거리는 226.15km 이다.

 오늘의 노정은 '여주대교' 하이모텔 - 9. **강천보** 인증센터 - 10. **비내섬** 인증센터 - 11. **충주댐** 인증센터 - 12. **충주탄금대** 인증센터 - 무술공원 바닥분수 - 백운장 파크 이다.

- 먹거리 - 편의점도 잘 없다, '여주대교'에서 못 챙기면 **비내섬** 인증센타까지 먹을 것 하나 없으니 음료수를 잘 챙길 것. **비내섬** 인증센터에서 **충주댐**까지 역시 편의시설 하나 없다. '충주조정지댐' 근처에 마트가 하나 있으니 그곳에서 음료와 화장실을 해결할 수 있음. 그 후 **충주댐**에 가야 마트가 나오고 자전거 도로가 아닌 곳에 한식뷔페 하나 있으나 찾기 어려울 수도 있음.

- 화장실 - **비내섬** 인증센터에 하나. '충주조정지댐'에서 하나. **충주댐**에 하나
- 잠자리 - **강천보** 가는 길 우측에 모텔이 무수히 많음. **충주탄금대**에서 '충주터미널' 쪽에 숙박시설이 있음.
- 자전거샵 - **충주탄금대** 근처에 하나 있음.

자전거 국토종주 3일째 끝 (150725 Sat.)

1. 충주탄금대 인증센터에서
2. 백운장 파크 숙소에서 자전거를 닦는다.
3. 무술 공원의 바닥분수

충주댐을 배경으로

하늘의 눈물을 멈춘 셋째 날

20150725 Saturday
조동준

날씨: 비가 오지 않지만 구름은 많았다.

하이모텔에서 눈을 뜬 시간은 6시였다. 한 시에 잤기 때문에 눈이 계속 감겨왔다. 빨래는 가져오지는 않았고 밥을 먹은 후 찾기로 했다.

이불을 개고 빨래를 가져오니 6시 30분이었다. 오늘의 아침 메뉴는 백반이었다. 뜨끈뜨끈한 국과 밥이 나왔다. 어제 친절하게 대해 주신 된장찌개 먹은 식당 아주머니가 떠올랐다. 오늘 식당 주인님도 친절하게 대해 주셔서 고마웠다.

맛있게 아침을 먹고 자전거 정비에 들어갔다. 그런데 민수의 자전거에 너트가 빠져 짐을 달수가 없게 되었다.

그래서 민수의 짐은 뒤의 짐받이에 달고 무거우면 내가 들기로 했다.

어제도 비가 와 물웅덩이가 군데군데 있었다.

자전거 길을 따라 쭉 가니 강천보 인증센터에 도착하여 도장과 사진을 찍었다.

자전거도 청소하고 다시 출발해 나오는 길을 따라 비내섬 인증센터로 질주했다. 가는 도중 언덕이 매우 많이 나왔다.

울퉁불퉁한 다리를 지나고 선생님이 다리위에서 다리 밑에 있는 우리를 찍어 주셨다.

강천보를 건너니 비가 슬슬 오기 시작했다. 나중에 비를 피하려고 다리 밑으로 들어갔다. 비가 그칠 때 까지 약간의 시간이 흘렀다.

다시 출발하려고 했는데 선생님이 소변을 보시다 진흙탕에 발이 빠지셨다.

다시 발을 빼내고 출발! 그다음에는 별로 일이 없었다. 여러 개의 언덕과 나무를 지나 또 성우와 자전거를 바꾸고 도착한 곳은 비내섬 인증센터!

그 전에 길을 잘못 들른 때가 있었다. 언덕을 올라가지 않고 쭉 옆으로 꺾어야 하는데 꺾지 않고 쭉 올라가 버린 것이다. 나뿐만이 아니라 승엽이 형, 승제 형, 성우, 정모형도 잘못 갔다. 탭쌤과 민수만 제대로 가서 기다리고 있고, 다행히 우리는 버스기사님이 길을 잘 알려주셔서 제대로 된 길로 갈 수 있었다.

그 다음 계속 평지를 달렸다. 성우와 자전거를 바꾼 터라 새로운 기분으로 달릴 수 있었다. 가면서 승제 형과 성우와 나와 '달려라 하니'라는 노래를 불렀다. 노래를 부르며 가니 조금 덜 힘들었다. 나중에 다리가 하나 나왔을 때 다시 성우와 나와 자전거를 바꿨다. 다시 내 자전거를 되찾자 기분이 좋았다.

다시 길 따라 쭉 가보니 샘개 우물이라는 곳이 나왔다. 샘개 우물은 가뭄이 와도 마르지 않는 무적의 샘물이였다. 샘개 우물의 힘은 대단한 것 같다. 깊은 지하에서 흘러나오는 차가운, 시원한 물이다. 용 입에서 나오는 그 차가운 물에 몸을 담글 줄은 상상도 못했다.

선생님이 제일 먼저 윗옷을 벗고 등목을 하셨다. 등을 차가운 물로 미는 거였다. 처음엔 엄청 차가운 줄 알고 하지 않으려고 했다. 손으로만 만졌을 때에는 정말 차가웠기 때문이다. 그러나 선생님에 이어 승엽이 형과 민수까지 등목을 하자 욕심이 났다. 그래서 나도 윗옷을 벗고 등목을 했다. 차가웠지만 그때 느낀 짜릿함은 정말 좋았다.

1. 강천보 인증센터에서 동준이
2. 샘개물가에서 모두 등목을 한다.
3. 비내섬 인증센터에서 동준이

언젠가 다시 와서 등목을 하고 싶다. 만약 승엽이 형, 승제 형, 정모 형, 성우와 함께 샘개 샘물을 지나쳤다면 오늘 이 경험은 하지 못했을 것이다.

신나고 시원하게 등목을 한 후 심한 언덕을 지나간다. 심한 언덕을 지난 후 평지와 얕은 언덕을 지나가니 편의점과 인증센터가 나온다. 비내섬 도장을 찍는 인증센터였다.

옆의 매점에서 간단하게 요기를 하고 가기로 했다. 아이스크림을 사고 밖의 테이블로 갔는데, 이게 웬일이지? 고양이가 있는 것이다! 귀여운 새끼고양이가 4마리 있었다. 아이스크림과 과자를 먹으면서 새끼고양이들과 놀아주었는데 이 녀석들이 처음에는 경계하다가 나중에는 먹을 것을 달라고 매달렸다. 손가락을 입에 가져가니 고양이가 발로 손가락을 잡고 물어뜯을려고 했다. 정말 재미있고 귀여운 새끼 고양이였다. 아이스크림과 과자로 요기를 하고 새끼고양이와 작별인사를 했다. 나중에 또 만나자~!

댐 인증센터에서 동준이

귀여운 고양이를 뒤로 하고 충주댐을 향해 달려갔다.

충주댐까지 가는 도중 날이 매우 더워 졌다. 한 군데가 가렵기 시작한다. 아, 왜 그러지? 또 한군데 씩 가려오기 시작한다. 아, 온몸이 가렵기 시작한다. 긁고 싶지만 뒤의 일행도 오고해서 참고 갔다. 그런데 너무 더워서 옷은 땀과 물로 젖고 등은 가렵고 정말 미칠 것 같았다.

결국 선생님이 등에 시원한 물을 뿌려 주셨다. 처음에는 안 가렵다가 등이 햇빛을 매우 많이 받아 가려워지기 시작했다. 너무 덥고 가려워서 차라리 넘어질까 하는 생각도 했다. 온몸이 가렵고 땀이 많이 흘렀다. 땀띠였다. 땀띠가 많이 나서 가려운 것이었다.

너무 덥고 가려웠다. 그냥 이 악물고 참고 달리다 보니 한 매점에 도착하게 되었다. 그 매점에서 호스 물로 내 등에 물을 뿌리니 더 이상 가렵지 않았다. 음료수와 아이스크림도 사먹었겠다, 다시 힘을 내서 출발을 했다.

충주댐까지 아무이상이 없게 갈 수 있어서 하나님께 감사를 드렸다. 충주댐 인증센터에서 도장을 찍고 다시 왔던 길로 되돌아갔다.

되돌아가면서 지나간 언덕이 내리막길이 오르막길로, 오르막길이 내리막길로 변했다.

진흙이 몇 번 나왔는데 정모 형이 옆으로 넘어졌다. 그래서 잠시 멈췄는데, 다행히 정모 형은 크게 다치지는 않았다.

다시 길을 가다가 보니 백운장여관이라는 숙소에 도착했다.

자전거를 뒤집어 놓고 물을 뿌렸는데 원래는 자전거에 물을 뿌리고 청소하면 안 된다고 선생님께서 말씀하셨다.

얼른 자전거를 정비하고 저녁을 먹으러 갔다. 고깃집에서 삼겹살을 정말 맛있게 먹었다. 가려운 보람이 있나보다. 하나님, 감사합니다.

그리고 편의점에서 먹을 것을 사고 숙소에 들어와 잠을 청한다. 내일도 잘 달렸으면 좋겠다. 모두 파이팅!

힘든 언덕과
편한 내리막길

20150725 Saturday
강민수

아침 일찍 6시에 일어나 옆에 있는 백반 집에서 밥을 맛있게 먹고 숙소로 돌아가 빨래를 한 것을 챙기고, 옷을 갈아입고 출발 준비를 하였다.

자전거를 지하실에서 빼고 출발을 하려는데 앞쪽 짐받이 프론트렉에서 너트가 빠져 버려 어쩔 수 없이 뒤쪽 짐받이 슈퍼 투어리스트에 가방을 달았다. 처음엔 뒤쪽으로 무게 중심이 실려 힘들었는데 점점 적응이 되어갔다.

강천보로 갔는데 쌤은 다리 위에 있고 우리는 밑에 있어서 사진을 찍을 줄 알고 포즈를 취했는데 쌤이 그냥 가자고 했다.

그냥 찍어주시지 포즈 취했는데… 사진을 많이 찍다 보니 무조건 포즈부터 취하고 본다.

 다음 목적지를 향해 달리는데 난 너무 힘들어서 속도를 못내고 뒤로 처지기 시작했다. 속도가 안 난다. 형들과의 거리가 점점 멀어지고 있는 도중에 또 비가 내린다.

 비가 많이 내려서 다리 밑에 들어가서 쌤을 기다렸다. 5분을 기다리니 쌤이 오셨다. 쌤이 자연과 함께 한다고 걸어가다 발이 진흙에 빠졌다. 그것을 보니 나도 제주도에서 발이 콘크리트에 빠진 생각이 나서 웃음이 나왔다(하하하).

 서서히 비가 그치자 출발을 하였다. 성우와 동준이가 자전거를 서로 바꾸어 탔다. 성우는 너무 편하다고 빨리 달리고, 동준이는 불편하다고 하면서도 잘 달렸다.

 나는 뒤에서 선생님과 같이 달리고 있는데, 형들과 애들이 먼저 언덕을 넘었다. 그런데 자전거 패키지를 하는 버스 기사님이 우리 멤버들이 간 길이 아니라 사잇길로 빠져야 된다고 하였다.

1. 민수 자전거의 프론트랙의 나사가 빠져버렸다.
2. 강천보 인증센터에서 민수
3. 섬강의 멋진 풍경과 함께 민수

길을 잘못 들었다. 다행히 버스기사님이 형들과 애들한테 말해 주어서 다시 돌아왔다.

오늘따라 너무 힘들어서 뒤에서 샘이랑 같이 다니다 보니 먼저 가는 일이 없어서 길을 잘못 드는 일은 없었다.

계속 가다 보니 우물 같은 게 있었다. 날씨도 엄청 더워서 그곳에서 등목도 하고 발도 담구었다. 너무 시원해서 얼마나 좋은지 모른다. 물이 너무 차가워서 점점 추워졌다. 재빨리 옷을 입고 햇빛을 받으니 따뜻하고 너무 좋다.

다들 출발하기 전에 가파른 언덕을 자전거로 한 번에 올라가고 싶어 했다. 그 언덕은 경사가 거의 70도 정도 되는 거 같았는데 다들 한 번에 올라갔다.

다시 출발해서 달리는데 내가 너무 뒤쳐져 멤버들과 1km정도 차이가 나는 거 같았다. 난 더위에 너무 약하다. 너무 힘든 하루다. 비내섬에 가야 되는데 내가 너무 뒤쳐져서 빨리 달려야 하는데, 내 몸이 마음과 따로 논다.

드디어 마지막 내리막길을 타고 비내섬에 도착을 하였다.

수첩에 도장을 찍자마자 옆에 있는 매점에서 음료수와 빵을 먹고 있는데, 매점에서 키우는 귀여운 고양이가 보여서 사진을 찍었다.

쌤이 음식 맛있게 하는데 안다고 점심 먹으러 가자고 하신다. 오늘 점심은 고기뷔페라고 하여서 우리는 있는 힘껏 달렸다.

가는 도중에 내리막길과 오르막길이 있었다. 나는 오르막길을 쉽게 올라가서 내리막길을 탔는데 바로 앞에 방지턱 처럼 생긴 다리가 있어서 순간 놀랐다. 거기에 올라가는 순간 나는 붕 떴다가 안장에 앉았는데 엉덩이가 너무 아팠다. 뒤에 있는 성우와 동준이도 엉덩이가 아프다고 하였다.

고기뷔페에 거의 도착했는데 승엽이형, 승제형, 정모형이 너무 빨리 달려 밥집을 지나쳐 간 것이다. 그래서 쌤이 다시 돌아서 갈 건지 그냥 쭉 갈 건지 모두에게 물어보았다. 물론 고기뷔페를 먹겠다고 다시 돌아 갔는데 한식 뷔페였다. 실망스러웠지만 배가 고파서 맛있게 먹었다.

다행히 탄금대까지는 가까워서 바로 출발해서 갔다. 언덕도 많고 내리막길도 많았다. 내리막길을 시원하게 타고 탄금대에 도착을 했다. 도장을 찍고 사진을 찍었다.

다음은 새재길로 가야 한다.

1. 샘개우물에서 시원한 등목을 했다.
2. 비내섬 인증센터에서 민수
3. 충주댐 인증센터에서 민수
4. 탄금대 인증센터에서 민수

열심히 달려서 새재길에 들어서자 바닥 분수가 있었다. 자전거에 물 좀 묻히고 우리는 시원한 물 맞으며 바닥 분수에서 놀고, 바로 앞에 있는 숙소를 잡았다.

숙소 앞에서 자전거를 닦고 짐을 올리고 옆에 있는 고기 집에서 고기를 먹었다. 우리는 숙소로 올라가 샤워를 했다.

오늘도 많은 일들이 있었다. 나 혼자라면 힘들어서 포기했을지도 모르지만 옆에 샘과 내 친구들, 형들이 함께여서 오늘도 열심히 달렸다.

오늘의 주행거리- 85km

총 주행거리 - 241km

문경문화 바닥분수대에서

드디어 비가 적게 오는 셋째 날

20150725 Saturday
박성우

드디어 3일째다.

그리고 더 좋은 것은 이제 비가 안 내린다는 것이었다.

우리는 몇 시간밖에 못 자고 7시쯤에 일어나 아침을 먹고 빨래를 찾아 떠날 준비를 했다. 그런데 민수 가방인 패니어를 다는 곳이 헐렁해져서 결국 민수는 가방을 뒤에 실고 달릴 수 밖에 없었다. 민수는 앞이 편해 잘 달릴 수 있을 것 같다고 했다.

우리는 출발해 도로를 주행하기 시작했다 처음부터 언덕이었다. 조금 힘이 들었지만 처음부터 포기를 할 수는 없어서 계속 참고 달렸다.

하지만 가다보니 힘이 빠져 민수보다 조금씩 뒤처지기 시작했다. 예전엔 그냥 막 달리면 따라잡을 수 있는 거리였지만 오늘은 힘이 빠져서 따라갈 수가 없었다. 힘이 들고 지쳤다. 다리 허벅지에 고통이 오고 아파서 제대로 달릴 수가 없어서 인지 더욱 뒤처졌다. 그렇게 가다보니 드디어 형들이랑 친구들이 인증센터에 서 있는 것이 보였다. 나는 힘을 내서 달려가 도장을 찍었다.

우리는 도장을 찍고 위에 있는 강천보에서 위로 건넌 다음 내리막길을 갔다. 내리막길을 가는데 나무토막이 있어서 자전거를 타고 갈 수는 없었다.

선생님은 다리 위에서 우리가 자전거 타는 모습을 동영상으로 찍으셨다.

우리는 달려서 앞으로 나가는데 또다시 비가 내렸다. 결국 비를 피해 다리밑으로 들어가 비가 약해지기를 기다릴 수밖에 없었다.

1. 남한강교 위에서 바라본 일행들의 자전거 라이딩
2. 강천보 인증센터에서 성우
3. 힘겹게 언덕을 오르는 두 사람

비는 약해서 다시 출발했는데 신발에 진흙이 묻어서 자전거 패달링을 하는데 너무 미끄러워 다리가 불편했다.

우리는 서로 아무 말 없이 경사 10%언덕을 올라가고 내려갔더니 새로운 다리가 또 기다리고 있었다. 나는 너무 힘들어서 동준이에게 자전거를 바꿔 타자고 했다.

동준이 자전거를 타보니 너무 편했다. 계속 오르막길과 내리막길을 달려 직진을 했는데 길을 잘못 와서 다시 유턴을 해야만 했다. 그렇게 우리는 다시 제대로 길을 잡아 달릴 수 있었다. 그렇게 달리다 힘들어 '달려라 하니'를 부르면서 달렸더니 더 잘 달리게 되었다.

조금 후에 다리가 나왔는데 그곳에서 동준이가 힘들다고 하여 결국 자전거를 바꿔야 했다. 자전거를 바꾼 후 노래를 부르며 달리니 어제와 똑같이 앞에는 아무도 없고 뒤에도 아무도 없었다. 우리뿐이었다. 그렇게 달리다 보니 완전 대박 정말 큰 경사의 언덕이 우리를 기다리고 있었다. 그때 선생님이 내려오라고 해서 내려가 보니 그곳에 우물이 있었다. 그 우물의 이름은 '샘개우물'이다.

그 우물은 지하수가 올라오면서 정화가 되어 깨끗한 우물이 되는 원리다. 샘개우물은 용머리에서 물이 나오도록 설계되었다. 그 물은 엄청 차갑고 시원했다. 우리는 모두 그 우물물로 등목을 하였다. 우물물이 얼마나 차가운지 등목을 하고 나니 추웠다. 우리는 그 우물에서 기념사진을 찍고 빛의 속도로 정리를 하고 출발을 했다.

우리는 언덕을 올라 앞으로 전진했다. 내리막길은 없고 오르막길은 많았다. 가다가 자갈길도 만나 타이어가 터질 뻔하기도 했지만 다행히도 일행 중에 타이어가 터진 사람은 없었다.

우리는 쭉 가다가 엄청 긴 내리막길을 만났다. 그 내리막 끝에는 비내섬 인증센터가 있었다.

우리는 도장을 찍고 간단한 간식을 먹기 위해 편의점으로 갔다. 그런데 그 곳에서 돌맹이를 던지고 물장난을 한다고 편의점 주인장님이 화를 내셨다. 그래서 나는 좀 기분이 안 좋았다. 그런데 그곳에는 보드게임과 고양이 네 마리가 있었다. 고양이는 갓 태어난 새끼고양이처럼 보였다. 우리는 과자와 아이스크림을 먹으면서 고양이와 장난을 치며 놀았다. 고양이 때문에 기분이 좀 좋아졌다.

그렇게 다시 출발해 가다보니 선두와 차이가 나서 우리는 낙오되었다. 할 수 없이 정모형이 전화를 해서 우리는 왜 버리냐며 화를 냈다. 그렇게 뒤이어 선생님과 민수가 오고 삼십분 넘게 자전거를 타고 간 후에야 선두인 승엽이형과 승제형이 버스정류장에서 기다리는 것을 볼 수 있었다. 선생님께서는 이렇게 흩어지면 신경을 쓸 수 밖에 없고 스트레스를 받는다고 이유를 설명하셨다. 우리는 그 곳에서 간단하게 음료수를 먹고 점심을 먹으러 다시 출발했다.

가다가 형들이 또 아무 생각없이 달리는 바람에 고기뷔페를 지나쳤고 우리는 또 유턴을 할 수 밖에 없었다. 1킬로를 돌아온 후에 뷔페에 도착했다. 뷔페에는 탕수육이 맛있어서 나는 탕수육만 먹었다.

그렇게 점심을 먹고 민수 자전거를 손 본후 우리는 다시 달리기 시작했다.

달리다가 우리의 목표인 충주댐에 도착했다.

원래 계획은 충주댐 꼭대기에 가야하지만 공사 중이어서 우리는 밑에서 있었다. 선생님은 아쉬워했지만 우리에겐 정말 행운이었다. 주위를 둘러보니 인증센터가 있어 우리는 도장을 찍고 다시 새재를 향해 출발했다.

새재가 출발하는 지점에는 또 인증센터가 있었다.(충주탄금대)

그래서 도장을 찍고 앞에 보이는 분수에서 자전거를 닦은 후 그 곳에서 놀다가 숙소를 찾아 들어왔다. 숙소에서 자전거를 닦은 후 옆에 있는 고깃집에서 저녁으로 고기를 먹었다. 그리고 나서 일기를 쓴다.

내일도 아무 일 없이 모두 건강하게 달릴 수 있도록 해주시고 민수도 잘 따라 올 수 있도록 해달라고 기도를 하고 잠이 들었다.

1. 비내섬 인증센터에서 성우
2. 충주댐 인증센터에서 성우
3. 탄금대 인증센터에서 성우

샘개우물에서 시원한 등목

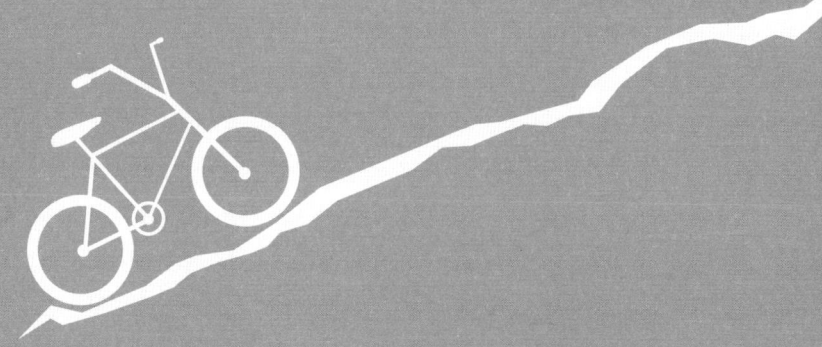

급해도 한 걸음씩이다.
급해도 순서 있게 하되, 빠르게 해야 된다.

2015년 7월 26일 일요일, 넷째 날

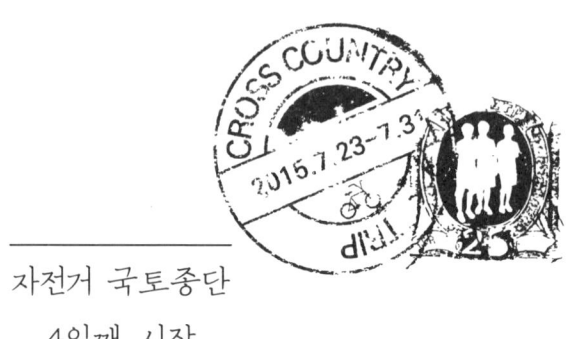

자전거 국토종단
4일째 시작

20150726 Sunday
김길환 선생님

오전 5시 기상, 눈이 너무 아프다. 그래도 5시 반부터는 모두 기상했다. 오늘은 주일이니 교회는 못 가더라도 모두 모여 기도하고 출발해야지.

드디어 여행 4일째 만에 비를 안 맞고 출발하네. 멀리 파란 하늘이 보인다

충주를 빠져나온다. 이곳 충주는 자전거길의 가로수가 사과나무다. 3가지 종류의 사과를 가로수에 심어놓다니! 역시 사과의 고장 충주로다. 한 가지 아쉬운 것은 갈림길에 표지판을 제대로 설치해 놓지를 않아 길을 헤매었다는 것이다. 그것도 두 번이나…

충주 달천강 진입로는 표지판 자체가 없다. 그러다보니 다리를 건너서 그냥 지나쳐 가버리게 되네. 그 다리를 건너지 말고 우회해서 강가를 따라 가야 하는데 표지판이 없으니 초행길에 알 길이 없다. 근처 가게 주인분의 얘기는 우리 말고도 많은 사람들이 이곳에서 헤맨다고 하시니 이곳을 제대로 좀 해 놨으면 하는 바램에 사진을 찍어놓는다.

'새재길' 자전거 도로가 본격적으로 시작된다. 오늘은 날씨도 너무 쾌청, 불볕 더위라 풍경이 환상적이다. 자전거 여행의 묘미와 우리나라 산천의 아름다움을 만끽하며 달리다가 작은 폭포와 함께 사람들이 물놀이하고 있는 것을 발견했다. 새재자전거길의 '수주팔봉폭포'이다. 이곳에서 기념이 될 돌멩이를 각자 구하도록 했다.

이곳을 지나 좀더 달리니 문강리쪽에 24시 찜질방도 하나 있다. 혹시 나중에 숙소가 될 듯도 하니 미리 파악해 둔다. 그리고 **수안보온천** 까지는 잘 간다. 아직까지는 큰 언덕은 없다.

수안보 인증센터 도착.

이곳은 숙소와 먹거리가 참으로 많다. 이곳에서부터 오늘의 나머지 라이딩 일정을 잡기 위해 식당을 가자했더니, 모두들 편의점에서 먹겠다 하길래 간단히 먹고 얼른 갈 줄 알았더니, 아예 자리를 잡고 엄청 먹는구나. 그럴거면 바로 앞이 식당인데 왜 뜨겁게 이렇게 도로에 앉아 먹는지. 모두 10대, 20대인지라 지치는 걸 모르나.

점심도 먹고 힘을 얻었으니 이제 '소조령 고개'를 넘어가 보자. 애들이 처음 만나게 되는 제대로 된 산행길이 되는 것이다. 그래도 오늘 날이 좋아서 비를 맞지 않고 젖은 도로로 내리막을 가지 않아 참 다행이다.

승엽이팀은 먼저 올라가고, 그들 가운데 동준이도 그 팀에 합류해서 가버렸네. 언덕을 힘겹게 오르는 민수와 성우만이 느릿느릿하다. 언덕의 힘겨움과 뜨거움을 말로 다 할 수 없다. 땀이 비오듯 흐른다.

언덕을 하나 오르고 이게 끝인가 싶게 내리막이 쫙 이어진다. 그 내리막이 진행되는 구간에 웬 용달차가 한 대 서 있고 그 뒤로 아주 시원한 공기가 형성되어 있으니 어른 두 분이 앉아서 피서를 즐기고 계시네. '소조령'을 넘은 이곳 구간은 왼쪽으로도 계곡물이 형성되어 많은 차들이 주차되어 있고 사람들은 쉬고 있다

내리막이 끝나는 곳에는 스위트 모텔이 하나 있어 숙박도 가능하다는 것을 확인했다. 바로 근처 옆에 슈퍼마켓이 하나 있고, 물을 쓸 수도 있어 아이들에게 머리도 감겨주고 허리 위로 물도 뿌려주었다. 더위를 식히고 이제 다시 평탄히 갈 구상이었는데, 이 언덕이 끝이 아니었으니, *이화령* 고개가 이제 시작되는 것이다.

성우가 슈퍼마켓에 물통을 놔두고 와서 내가 마지막에 챙겨서 들고 가는데, 살짝 내리막 다 내려가서 다시 힘겹게 올라오고 있는걸 보고 물통을 건네주었다.

'행촌교차로' 인증센터 가 하나 나왔다. 이곳은 우리가 가는 노정은 아니고 [오천 자전거길] 로 가는 구간이다. 오천자전거길을 타고 서쪽으로 가게되면 세종시를 만나게 되고, 금강으로 가게 된다. 바로 대전으로 갈 수 있게 되는 자전거길인 것이다. 이곳은 우리의 일정에는 없는 구간이었지만 가는 길에 만나게 되었으니 덩달아 하나 찍게 되었네.

가벼운 워밍업 스타일의 언덕 두 개를 느릿느릿 끝내고, 드디어!! 백두대간 **이화령**에 올랐다.

민수의 프론트랙에 달린 패니어 하나가 밑부분이 자꾸 안쪽으로 휘어들어와 스포크에 닿는다. 20리터짜리 패니어를 달아서 그런 것인지. 그래서 뒷짐받이쪽으로 바꾸어 장착하니 가방이 평평히 잘 펴지네. 미니벨로에는 역시 12.5리터짜리 가방을 프론트에 달아야 하는 것인지 생각하게 된다.

힘겹게 오르막을 올랐으니, 이제 내리막을 가보자. 새로운 합류멤버인 창호전도사님이 '문경온천'에 와 계시네. 승엽이와 승제를 먼저 내려 보내고 아이들도 한 명씩 간다.

이곳에서 좌측이나 우측으로 다리밑으로 가야 '새재길'이 시작이다. 직진하면 다른 길이다.

수주팔봉폭포에서

"내리막은 조심, 안전거리 유지, 속도내지 마라" 등을 늘 얘기한다.

모두들 잘 갔고, 나도 브레이크 잡고 조심스럽게 간다. 그래도 순간 잡은 브레이크를 풀면 가속도가 엄청 붙는다. 좌우 고불고불 잘 가는데 앞에 커브구간에서 성우가 멈춰 서 있다. '이상하네?! 이 내리막에 멈춰서 있는 것은 문제가 있는 것인데...' 움직이는 모습이 보이는 걸로 봐서는 다친 거 같지는 않은데.

가까이 가서 멈춰서 "왜 그러냐?" 물어보니

"물통이 빠져서 뒷바퀴에 걸려서 그대로 물통은 부서지고 넘어졌어요." 그러네

물통을 보니 완전히 구멍이 뚫릴 정도로 부서져 버렸는데, 이 내리막에 넘어졌는데 다치거나 까진 곳도 하나 없이 멀쩡하다니, '정말 하늘이 보호하셨구나.' 라는 생각이 절로 드는 순간이었다.

'문경온천'에 도착했다. 새롭게 오늘부터 라이딩에 합류할 창호전도사님을 만났다. 이곳 마을은 문경시외버스 터미널도 있고 해서 그런지 모텔이 엄청 많네.

지금 시간이 오후 5시가 넘어버린지라 오늘은 이곳에서 얼른 숙소를 잡는다. 모텔 옆에 간이수영장을 만들어 놓은 곳을 찾았기에 이곳에서 애들을 놀게 해 주려고 여기서 쉰다.

숙소에 짐을 풀고 모텔 주변의 식당에 순두부집이 있는데 너무 맛있어서 잘 먹고, 오늘 낮에 아이들이 '수주팔봉폭포'가에서 주웠던 돌멩이에 유성펜으로 글을 쓰도록 했다.

[새재자전거길. 수주팔봉폭포. 150726.]

아이들 어머님들도 카톡으로 보내드린 사진을 보시고 즐거워하신다.
내일도 일찍 일어나서 달려보자.

오늘 달린거리는 60.22km, 오늘까지 달린 국토종단 총 주행거리는 286.37km 이다.

오늘 코스는 12.**충주탄금대** 인증센터 - '수주팔봉폭포' - 13. **수안보온천** 인증센터 - 14. **이화령휴게소** 인증센터 - '문경온천'의 킹 호텔이다.

1. 수안보 인증센터에 도착했다.
2. 소조령 고개를 넘고 있다.

- 먹거리 - '수주팔봉폭포'의 매점. **수안보온천** 인증센터 내 마을. '소조령' 넘어 마트 하나. ***이화령*** 꼭대기 매점. '문경온천' 마을

- 화장실 - '팔봉폭포' 화장실. **수안보온천** 내 공원. '소조령' 넘어 마트. ***이화령*** 꼭대기.

- 잠자리 - '수주팔봉폭포' 캠프장(좀 비쌈). **수안보온천** 내 모텔, 호텔 무수히 많음. '소조령' 넘어 스위트 모텔. '문경온천' 마을에 모텔 무수히 많음

- 자전거샵 - 없음

자전거 국토종주 4일째 끝 (150726 Sun.)

1. 모텔의 간이수영장에서
2. 이화령 고개휴게소 인증센터에서

한계가 온 언덕

20150726 Sunday
강민수

아침을 상쾌하게 맞고 편의점에서 아침밥을 먹고 출발을 했다. 수주팔봉 이라는 계곡이 있어서 거기에서 놀고, 매점에서 음료수도 사 먹었다. 계곡에 자전거를 끌고 가서 놀았다. 쌤이 계곡에서 놀라고 하여서 20분 정도 놀고 나왔다.

쌤이 제주도 걷기 여행처럼 돌멩이를 주워서 가져가라고 하였다. 우리는 열심히 돌멩이를 찾았다. 돌멩이를 찾은 다음 사진을 찍고 다시 올라왔다.

출발 준비를 하는데 옆에 아주머니가 우리를 부러워 하였다. 그리고 아주머니가 여기서부터는 언덕이 많아서 힘들다고 하였다.

우리는 약간 두려웠지만. 목적지를 향해 출발을 했다.

약 10분 후에 언덕이 나왔다. 언덕 두 개를 지나니 마트가 나와 음료수를 먹고 물병에 물을 채우고 다시 출발을 했다.

출발하자마자 바로 언덕이 나왔다. 그 언덕 이름이 소조령 이었다. 언덕 길이가 약 3km정도 되는 거 같았다. 성우는 그것이 이화령 고개인줄 알고 쉬지 않고 올라가서 바로 내려가는데 내리막길도 3km나 되었다.

시원하게 내려가니 형들이 매점에서 기다리고 있었다. 우리는 쌤이 오길 기다리고 있었다. 쌤이 오자 성우가 "이화령을 건너서 좋다"고 하였다. 선생님이 "무슨 이화령을 지나왔냐?"고 하면서 "이제 가는 곳이 이화령"이라고 하니 성우는 힘이 쫙 빠진 듯 하였다.

이화령을 올라가는 도중에 가방이 바퀴에 걸려서 시간이 걸렸다. 가방을 뒤쪽 짐받이에 걸고 출발을 하는데 어깨에 잠자리 한 마리가 붙어서 안 떨어졌다. 잠자리랑 같이 달렸는데 어느 순간 잠자리가 없어져서 뭔가 허전했다.

처음 언덕을 올랐을 때 5km라 금방 오를 줄 알았는데 몸에서 점점 힘이 빠져 올라가기 쉽지 않았다. 있는 힘을 다해서 올라갔다.

수주팔목도에서 민수가 주은 돌멩이

올라오는데 한 40분정도 걸려 매우 힘들었지만 그만큼 성취감 더욱 컸다.

정상에 매점이 있어서 음료수를 마시고, 내리막길을 내려가려고 보니 너무 무서웠다. 내리막길 거리는 5km였다. 무서워서 브레이크를 계속 잡고 내려 가는데 앞에 성우가 넘어져 있어서 놀랬다. 내리막길을 다 내려가서 성우와 만났는데, 성우는 넘어지고 10분 동안 그 자리에 있었다고 한다. 성우가 "왜 내리막길에서 브레이크를 잡고 내려오냐"고 했지만 한 번 넘어진 이후로 내리막길에서 브레이크를 잡기 시작했다.

쌤이 성우보고 "물병이 어디 갔냐?"고 물어보니 이화령에서 내리막길을 내려오는 도중에 물병이 떨어지면서 바퀴에 걸려 넘어지고 물병은 아예 반 토막이 났다고 한다. 성우는 다치지 않아서 다행이었다.

오늘은 멤버 한 분이 합류하기로 하였다. 가끔 서울에서 라이딩 할 때 뵈었던 분이다.

1. 수안보 인증센터에서 민수
2. 이화령 고개를 오르고 있는 민수
3. 이화령 고개 휴게소에서 민수

기차를 타고 내려오신 전도사님을 만나서 근처에 숙소를 잡았다. 그 숙소에 있는 수영장에서 놀 수 있다고 하여 너무 좋았다. 너무 더웠는데 시원한 수영장에서 실컷 놀고 숙소로 올라가서 샤워를 하고 밥을 먹으러 갔다.

그 근처에 식당이 없어 500m정도를 걸어서 찾아 갔다. 된장찌개를 맛있게 먹고 슈퍼로 가서 아이스크림을 샀다. 아이스크림을 40개정도 사서 숙소로 갔다. 숙소에서 쌤이 아이스크림을 25개정도 드셨고, 나머지 15개를 형들이 먹었다. 배탈이 안 나 실지 모르겠다.

주행거리-60.22km

총 주행거리- 280km

제대로 된 라이딩

20150726 Sunday
박성우

우리는 6시에 일어났다. 정모형이 우리를 다 깨워주셨다. 일어나 보니 선생님이 춤을 추고 계셨다. 우리는 웃겨서 웃고 있었는데 정모형은 별로 기분이 좋은 것 같지는 않았다.

선생님이 정모형한테 "몇시에 준비가 끝나냐?"고 물어보았더니 정모형이 40분이면 된다고 했다. 우리는 40분동안 준비를 해야했다. 사실 40분이라는 시간은 우리에게는 너무나 긴 시간이었다. 우리는 10분 안에 준비를 끝내고 피곤해서 더 잤다.

자고 일어난 후 우리는 기도를 했다. 우리는 각자의 기도가 끝난 다음에 아침밥을 먹기 위해서 편의점에 갔다. 우리는 편의점에 가서 각자 먹고 싶은 것을 골라서 먹기로 했다. 우리는 아이스크림, 빵, 음료수를 사서 기도를 깜빡하고 그냥 막 먹었다.

　우리는 먹은 후 뜨거운 햇빛 속을 뚫고 달리기 시작했다. 내가 달리면서 생각했다. 왠지 민수 뒤쪽으로 달리면 힘이 빠지는 것 같았다. 그래서 많이 빨리 달리질 못 하는 거였던 것 같았다. 우리는 계속 가다가 승엽이 형이 자전거 길이 없는 곳으로 가서 한번 길을 잃었다. 나는 힘들게 오르막길을 걸은 다음 틀린 길을 알아서 올라온 것이 아무 소용이 없었다. 그 대신 내려가는 길은 편했다. 우리는 가다가 사과가 가로수 길에 모두 심어져 있어서 사과 하나씩 따서 가지고 다녔는데 가다가 떨어져서 어쩔 수 없이 버리게 되었다.

　우리는 달리다가 표지판이 잘못되어있어서 또 길을 잃게 되어 유턴을 해서 길을 찾았다. 우리는 다음에 오는 사람들이 길을 잃지 않게 사진을 찍었다.

　우리는 드디어 제대로 된 길을 찾아서 달리기 시작했다. 달리다가 자갈밭이 나왔는데 그곳에서 덜그덕 거리다가 동준이의 물통이 빠져서 동준이가 많이 뒤쳐졌다. 드디어 동준이가 왔다. 원래는 오른쪽으로 가야되는데 표지판을 잘못 보고 왼쪽으로 가서 다시 돌아가게 되었다. ㅠㅠ 돌아와서 선생님께 많은 꾸중을 들었다. 그러는 동안 선생님이 " 첫 주자는 표지판을 못 볼 수도 있으니깐 두 번째 주자가 봐주어야 해"라고 말하셨다.

　길을 쭉 따라가다가 수주팔봉 쉼터에서 좀 쉬고 가자고 해서 좀 쉬었다. 쉬고 있는데 밑에 강이 보였다. 우리는 강에 가고 싶어서 선생님께 부탁을 했다. 그랬더니 선생님이 허락해 주셨다. 우리는 딱 30분만 놀고 가자고 했다.

우리는 한참 놀고 있는데 선생님이 사진을 한방 찍자고 했지만 우리는 물살이 너무 쌔서 선생님한테 가질 못 했다. 하지만 선생님은 우리가 계속 노는 줄 알고 화를 내셨다. 하지만 선생님은 우리가 좀 더 놀 수 있게 해 주시고 각자 마음에 드는 돌멩이를 주어서 이름을 쓰기로 했다. 하지만 지금은 수성펜이 없어서 나중에 쓸려고 가방에 챙겨 두었다.

우리는 계속 달리다가 매점 하나가 나왔는데 우리는 거기에서 음료수를 마신다음 강아지가 있어서 강아지랑 조금 놀고 다시 달리기 시작했다.

1. 충주의 사과나무 가로수길에서
2. 새재길로 접어들기 시작한다.
3. 수주팔봉폭포에서 돌멩이를 주은 성우

하지만 앞이 오르막길이어서 마음을 단단히 잡고 올라가야 했다. 하지만 나는 여기가 이화령인줄 알고 멈추지 않고 계속 달렸다. 다 내려와서 들으니 이 언덕은 이화령이 아니라 소조령 이었다.

소조령 언덕은 올라가는데 8km, 내려오는데 8km였다. 우리는 너무 힘들어서 쉼터에서 조금 쉬었다. 산을 올라가는데 더위를 너무 많이 먹어서 물을 너무 많이 먹었다. 사람들이 이 언덕만 넘으면 쉬워진다고 하셨다.

우리는 사람들이 응원해준 힘을 받아 열심히 언덕을 올라갔다. 오르막길을 올라가고 내려가는데 민수가 계속 브레이크를 너무 쌔게 잡아서 내리막길을 재미있게 즐길 수가 없었다. 저 밑을 보니 형들이 쉬고 있었다. 나는 형들에게 전력질주를 해서 매점까지 오게 되었다.

우리는 매점에서 음료수를 마시고 드디어 이화령을 넘을 준비가 되었다. 나는 아까 힘을 다 빼서 이화령에서 500m만 타고 올라가고 4.5km를 걸어서 올라갔다. 엄청 힘들었다.

우리는 이화령 정상에서 음료수를 마시고 도장이 있어서 도장도 찍고 이화령이라고 쓰여져 있는 곳에서 돌에서 사진도 찍고 갔다.

이제부터 전도사님하고 달리게 전도사님이 있는 곳까지 갔다. 내 물통이 조금 덜그럭 거려서 조금 불안했다. 계속 내려가다가 한 번 튀기는 곳에서 물통이 빠졌다. 그 물통이 하필 내 뒷 바퀴에 걸려서 자전거가 옆으로 돌아서 내가 넘어지게 되었다. 하지만 크게 다치지는 않았다.

우리는 계속 가다가 전도사님이 있는 곳까지 오게 되었다. 우리는 가다가 모텔을 찾아서 들어갔다. 우리는 저녁을 먹기 전에 수영장에서 놀았다. 수영장은 재미있었다. 우리는 저녁을 먹었다. 내일도 파이팅하자.

1. 수안보 인증센터에서 성우
2. 이화령 고개를 힘겹게 오르고 있는 성우
3. 이화령 고개 휴게소에서 성우

제일 힘든 넷째 날

20150726 Sunday
조동준

날씨: 전혀 비가오지 않는 맑은 날

백운장모텔에서 6시에 눈이 떠졌다. 이불을 개고 자전거를 정비하러 옆의 옥상에 갔다. 다행히 그대로 묶여 있었다.

숙소에서 옷을 갈아입는데 선생님이 "오늘은 정말 덥고 힘들테니 시원하게 입어라."고 하셨다. 이화령으로 가니 언덕이 매우 많다고 하셨다. 아, 힘든 여행이 시작 되는구나.

넷째 날 라이딩이 또다시 시작됐다. 선생님 말대로 햇빛이 쨍쨍했다. 왜 하필 첫째 날에 비가오고 넷째 날에 해가 쨍쨍하다니… 더운 햇빛을 등으로 받으려니 땀이 줄줄 흘러내렸다.

드디어 달천에 도착하였다. 그런데 다시 되돌아가는 일이 많이 생겼다. 승엽이 형이 길을 잘못 들어가기 때문이다. 달천에서 다리를 건너는 것이 아닌데 건넜기 때문이다. 승엽이 형은 나중에도 길을 많이 헤매게 된다.

달천에서 사진을 찍고 옆의 자전거 길로 빠져 나가 다시 길을 가기 시작했다.

가는 도중 아주 울퉁불퉁한 비포장도로를 달리게 되었다. 이때 너무 덜컹거리는 나머지 물병 거치대가 부러져 버렸다. 쾅 하고 부러지는 소리가 났을 때 정말 깜짝 놀랐다.

아까 과수원에서 사과를 땄을 때에도 뒤의 받침대에 성우, 민수, 나의 사과와 감 하나를 매달았는데 다 떨어져 버렸다.(이렇게 심하게 덜컹거리는데 거치대와 사과가 다 떨어지지.)거치대가 완전히 부러져서 버리고 물병은 가방에 넣어 놓았다.

그리고 계속 달리다 보니 새재 자전거 길의 수주팔봉폭포가 나왔다. 앞의 매점에서 음료수를 사 마신 후 선생님이 여기서 30분만 놀다가기로 했다. 우리는 기뻐서 자전거를 끌고 내려갔는데 나는 민수가 물병 거치대가 2개가 있어서 1개를 얻어 다시 달다가 시간이 좀 걸렸다. 다들 먼저 내려가서 물속에서 놀고 있는데 나만 육각 렌찌로 나사를 조이고 있으니 조금 속상했다. 왜 나만 물병 거치대가 떨어졌을까.

드디어 나사를 다 조였다! 얼른 내려가서 나도 놀아야지!

자전거를 끌고 내려가서 눕혀 놓고 구명조끼를 입은 다음 물속으로 들어갔다. 조금 차가웠지만 금방 시원해 졌다. 그런데 물살이 너무 세서 수영을 제대로 하지 못했다. 그래도 물장난도 하고 배영도 하니 기분이 좋았다.

그 다음 우리는 특이한, 마음에 드는 돌멩이를 주워가야하는 미션을 받았다. 나도 조금 납작한 돌멩이 하나를 주웠다. 그런데 사진을 찍고 내가 실수로 돌멩이를 떨어뜨렸다. 그래서 돌멩이를 다시 주워서 다시 사진을 찍었다.

아, 자꾸 왜 나한테 이런 안 좋은 일이 일어날까? 성우가 말하기를 '어저께 네가 물고기에게 잡혀 먹는 꿈을 꾸었다'라고 말했다. 정말 성우의 꿈 때문에 이런걸까? 잘 모르겠다.

어쨌든 길을 따라 젖은 몸을 이끌다 보니 또 승엽이 형이 길을 잘못 들었다. 오늘만 벌써 몇 번째이지? 3~4번쯤 될 것 같다. 옆의 내리막길을 내려가서 보니 매점이 하나 또 나왔다.

1. 끊어져 버린 동준이의 물병거치대
2. 자전거물병 거치대를 다시 장착하고 있는 동준이
3. 수주팔봉폭포에서 돌멩이를 주은 동준이

너무 더워서 음료수를 사 마셨다. 이번에는 초코에몽이란 음료수를 마셨다. 포카리스웨트는 오늘만 벌써 3번째다.

음료수를 다 마시고 나니 귀여운 강아지가 보였다. 많이 쓰다듬어 주었지만 갈 길이 멀어 금방 포기하고 소조령이 있는 곳으로 갔다. 이화령의 고난이 시작된 것이다. 살면서 이때가 제일 힘든 때이었다.

 오천자전거길의 도장을 찍었더니 소조령의 오르막길이 시작되었다. 처음에는 달릴만했다. 기어를 1단으로 해 놓으니 편했다. 그러나 1km쯤 달렸을 때부터 고통이 시작되었다.

 언덕을 올라가는데 페달을 밟을 때의 고통은 지금도 잊을 수 없다. 기어 1단의 페달링이 왜 이렇게 빡센지… 정말 나중에 갔을 땐 다리에 힘이 좍 풀렸다. 힘이 안들어 간다. 그리고 무슨 언덕의 오르막길이 이리 긴지 거의 6~8km 될 것 같다.

 그리고 승엽이 형과 승제 형은 진짜 괴물인 것 같다. 한번도 쉬지 않고 소조령의 언덕을 지나갔다. 정말 대단한 것 같다. 승엽이 형과 승제 형은 먼저 가고 내가 3등으로 고독하게 달렸다. 외로웠다. 기다릴까 생각했는데 내리막길의 쾌락을 한시라고 빨리 누리고 싶어 계속 달렸다. 근데 너무 힘들 때에는 걸어서 끌고 갈 때도 있었다.

 드디어 내리막길 3~4km 정도 되는 내리막길은 정말 시원했다. 브레이크를 거의 잡은 적이 없다. 정말 시원하고 깨끗한 내리막길 라이딩이었다.

 뜨거운 태양과 싸우며 달리다 보니 매점이 또 나왔다. 왜 이렇게 매점이 많을까? 근데 나야 좋지 뭐. 또 포카리스웨트가 나의 손에 들어왔다. 그 다음 또 이화령이란 산이 있다. 소조령의 두 세배 힘들다는데 어떡하지?

힘을 내서 이화령을 달리기 시작한다. 역시 처음에는 별로 힘들지 않았지만 500m부터 뜨거운 태양과 언덕 때문에 지쳐가기 시작했다. 승엽이 형과 승제 형은 먼저 올라가고 나와 정모 형은 같이 갔다. 정모 형은 한 번도 쉬지 않았다가 잠깐 몇 번 쉬었다. 정모 형은 정말 대단한 것 같았다. 몇 번 쉬고 걷긴 했지만 그래도 포기 하지 않고 끝까지 올라갔다.

정말 힘들었지만 그래도 완주 했다는 쾌감에 정말 기분이 좋았다. 좀 쉬고 사진을 찍고 내리막길을 내려갔다.

내려가고 도로를 달리다 보니 호텔킹이라는 모텔에 도착했다. 앞의 수영장에서 신나게 놀고 샤워를 한 후 저녁을 먹고 잠자리에 든다.

내일도 오늘처럼 날씨가 좋았으면 좋겠다. Fighting!

오늘 주행거리: 60.22km

1. 수안보 인증센터에서 동준이
2. 이화령 고개 휴게소에서 동준이
3. 새재자전거길 중 백두대간 이화령 꼭대기에서 함께 달린 일행들

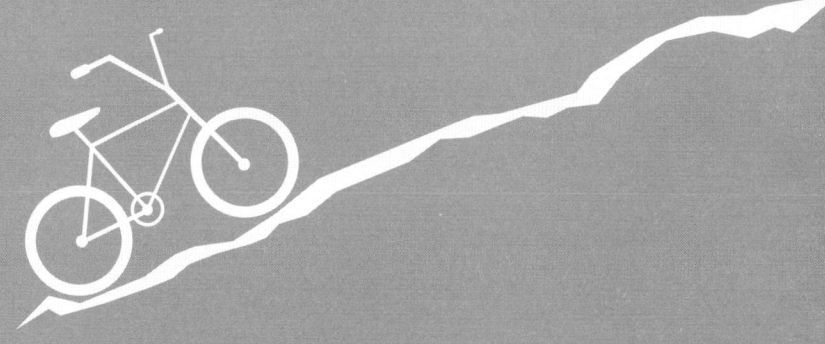

하다가 잘 안 되면 운동선수들처럼
수십 번씩 다시 반복하여 해 보면 됩니다.
자꾸 반복하여 할수록 하게 됩니다.

2015년 7월 27일 월요일, 다섯째 날

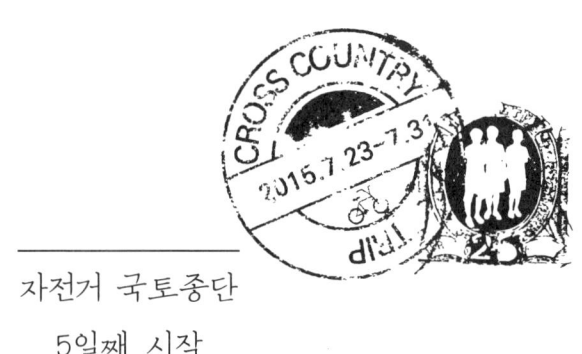

자전거 국토종단
5일째 시작

20150727 Monday
김길환 선생님

　오전 8시 30분에 출발하였다.

　아버지와 딸이 자전거 여행을 하고 있다. 이들은 이틀 전부터 보아왔던 부녀인데 오늘 아침에도 보게 되었네. 알고보니 우리와 같은 숙소에 머문 것이다. 그 어린 학생도 중1 이라네. 반가워서 우리 애들과 사진을 같이 찍어보자 했는데 그 애는 사진 찍는 걸 싫어한다네. 이 부녀는 상주에서 안동댐으로 갈려고 하신다. 이 아버님께서 케이블타이를 주서서 잘 쓰게 되었다.

　문경을 지나 자전거 길을 달린다.

　자전거를 타고 달리며 좌우를 살펴보니, 자전거길을 이렇게 만들려고 샛길을 찾아내어 만들어 놓은 국토관계자분들의 수고가 새삼 감사하게 느껴진다. 이렇게 구상하기까지 어느 길이 자전거로 가기에 합당한지 다 답사하고 측량하고, 또 마을 시민들과 조율하면서 자전거길을 만들었을 것이 아닌가. 말도 탈도 많았을 터인데 이렇게 결실을 이루어 많은 자전거여행객들의 발길을 열어주고 있구나.

 나의 푸르른 이 한 때. 지금 나는 우리 국토의 아름다움을 자전거길을 달리며 만끽하고 있다.

 '**문경불정역** 인증센터'에 도착하였다.
 이곳은 나름대로 역사적인 근대건축유산이라 적혀있는 역인데 화장실만 있고 내부에 뭣하나 볼 수 있는 것이 제대로 된 게 없다. 그래도 사무실은 있어 물을 좀 얻었네.
 이제 심한 언덕 없이 자전거 길을 따라간다. 몸이 슬슬 무거워 지는데 왜 이런가 그 원인을 생각해 보니, 일행들의 자전거 문제가 하나 생길 때마다 내가 열이 같이 올라 신경을 써서 해결할려니 지치는듯 하다. 육체적 피로와 정신적 영향이 큰 것이다.
 창동 마을 샛길을 지나는데 길이 좁아지고 차들도 1차선뿐이라 양방향이 같이 존재한다. 이곳은 자전거길을 우측에 만들고 쇠기둥과 돌턱을 간간이 세워놓았다.
 그 길을 가다가 동준이가 넘어져 버렸다. 넘어진 이유를 알아보니 왼쪽 패니어가 쇠기둥에 걸려 그대로 넘어져 버린 것이다. 그 뒤를 이어 성우가 따라가다가 성우까지 앞으로 고꾸라져 넘어져 버렸다. 성우는 뒤에서 내가 봤는데 양손 브레이크를 잡으면 충분히 멈출 수 있는 거리였는데 그걸 그대로 들이받아 버리네.

동준이는 우측으로 넘어져 오른팔과 오른무릎의 살이 까졌네. 일행들이 얼른 소독약도 발라주고 챙겨준다. 동준이와 성우의 자전거 두 대도 체인이 빠지고 패니어 고리가 빠졌지만 큰 이상은 없네. 동준이를 좀 쉬게 해야하기에 둘러보니 바로 근처에 마을 정자가 있어 그곳에서 쉰다.

평탄한 길이었는데 이렇게 문제가 생겨버렸군.

"왜 그렇게 되었냐?" 물어보니

동준이는 "시야 확보가 안되었어요." 그러네.

민수는 충분히 앞서 있었는데 동준이가 순간 거리감각을 놓쳐 패니어가 걸리게 한 것이로군.

일행들 모두 쉬는 김에 평상에 앉고 누워서 잔다. 동준이를 충분히 안정시키고 출발을 다시 해야 할듯 하다.

영강을 달리는데 이곳에서 일행들 모두 쉼없이 30km를 달려보네. 그러다보니 엉덩이가 아프다고 한다. 그러고보니 여지껏 쉼없이 30km를 계속 달린적이 이번 여행중에는 첨인듯 하네.그러니 엉덩이가 아픈 것이었군.

영강을 지나 낙동강 시작 지점을 발견. 기념으로 사진을 남겨야지.

이제 '새재길'의 마지막 구간인 '**상풍교** 인증센터'를 향해 달리자.

사람 정말 힘겹게 어째 **문경불정역**에서 **상풍교**까지 편의시설도 하나 없고, 물 마실 곳도 하나도 없는지…

'**상풍교** 인증센터'에 도착하여 보니, 부스 옆에는 '아라서' 무인 판매대가 있다. 500밀리리터 물 한통에 2천 원이다. 이 주인은 참으로 머리를 잘 썼다. 이 삭막한 구간에 오아시스를 아주 핵심적인 장소에 세웠네.

사막에서는 물 한통의 값이 상상을 초월한다. 물 500ml가 2,000원이면 아주 잘 한거다. 그것도 시원한 물이다. 주인의 의도는 생각하기에 따라 '… …' 이지만 말이다.

'**상풍교** 인증센터' 부스옆에 황당한 글이 있다. 앞으로 갈 구간에 대한 사진 설명이다. 내용은 뭐냐 하면, **이화령**이 10% 언덕이었지만 앞 구간에는 22% 언덕이 있다는 것이다. 300미터 정도의 아스팔트로 포장된 22% 언덕이다.

아…이런 구간이 숨겨져 있었다니!! 2천 원짜리 물을 아이들이 시원하게 안 마셨다면 초죽음의 코스가 되었겠구나!!! 한여름에 아무 편의시설이 없는 이 구간을 '아라서' 판매대가 없었다면 2천 원이 아닌 더 큰 손실이 있었을 것이라는 생각이 깊게 들면서, 더불어 4대강 자전거길만 깔아놓고 끝내지 말고 한여름엔 자전거 여행가들을 위한 시설도 설치를 주었으면 좋겠다는 강한 생각이 든다.

생각해 보라. 이 뜨거운 여름에 이 구간을 달리다가 누군가 일사병 걸려서 사고가 나버린다면 대대적인 뉴스가 될 것이고, 그러다보면 그제서야 뒷수습 하겠다고 난리를 칠 것이 아닌가. 미리미리 준비해 놓고 후회없는 운영을 했으면 좋겠다.

2단 기어 브롬톤으로 22% 언덕도 한 번 올라보려고 했으나 지그재그 기법을 써도 결국 근력이 딸리는지 언덕의 각도를 넘지는 못하네. 그런데 함께 온 중3 학생 승제는 6단 기어가 장착된 다혼회사의 우베공 20인치 바퀴 자전거로 이 300미터 되는 22% 언덕구간을 단번에 쉽게 올라버렸다. 학교에서도 친구들에게 스피드로는 져본 적이 없다는 승제였는데 역시 제대로 단련된 실력이로군. 이 길을 얘기하거나 지날 때 승제는 두고두고 이야기거리가 될 것이다.

비포장 구간까지 합친 오르내리막을 몇 번 더 오른 후 이제 상주로 진입했다. 매점 표지판이 앞으로 500미터 앞에 있다고 나와서 '신난다' 하고 갔더니 오늘이 월요일인지라 그런지 상주박물관 문도 닫았고 더불어 매점도 닫혔네. 게다가 다시 비까지 내려 또 고생길이 열린다.

1. 문경불정역 인증센터에 도착했다.
2. 여기가 동준이가 기둥에 패니어가 걸려서 넘어진 곳이다.

비는 피해 갈려고 벤치에 앉아서 쉬어본다. 쉬다가 얻은 정보는 낙동강 자전거 길에도 큰 고개가 4개는 있다고 하는 걸 알게 되었다. **이화령** 고개길 보다는 짧지만 그에 못지않은 경사도를 자랑하는 심한 언덕들이 있다고 한다. 더 이상 큰 언덕은 없기를 바랬지만, 역시 여행은 내 맘대로 되지만은 않은 것이지.

빗줄기가 좀 약해지기를 기다렸다가 다시 출발한다. 자전거가 지저분해져서 저녁에 숙소에서 또 청소를 하는 한이 있어도 모두들 몸은 최대한 비를 맞지 않게 하려한다.

횟집 식당이 하나 보이고, 하늘의 흐름도 보니 그곳에서 식사를 하고 가면 비도 피하고 갈 수 있을 듯한 날씨이기에 에너지도 보충할 겸 식사를 한다. 이곳을 둘러보니 펜션도 있고 수영장도 있어 쉬면서 갈까했는데 아직 오후 4시인지라 몇 코스 더 가기로 결정을 한다.

고개 하나를 넘어가는데 구간은 짧은데 경사도가 상당히 가파른 길이 이어진다. 브레이크 한 번 잡았다가 뒷바퀴가 확 들려버려서 순간 당황했다. 브롬톤 앞가방만 장착하고 뒷바퀴쪽은 아무 짐도 없었으니, 엄청난 순간의 가속도에 브레이크의 압력이 겹쳐버리니 순간 뒷바퀴가 들려버린 것이다. 다행히 사고는 없었네.

상주 자전거 박물관에 도착하였다. '이곳은 볼게 많겠다. 보고 가야겠다' 생각하고 다같이 갔는데... 이런 월요일이라 또 휴무네. 아쉽게도 이런 구간을 월요일에 지나게 되어 좋은 볼거리를 놓치고 가게 되는구나.

이곳 마당에 웬 자전거 수 십대가 눕혀져 있고 자전거 복을 입은 청소년들과 어른들이 수 십명이 쉬고 있다. 무슨 팀인가 했는데 서울 송파구에서 출발한 '자전거21' 이라는 국토순례팀이라 한다. 23년째 매년 여름마다 국토순례와 제주일주를 자전거로 한다고 한다. 학생들을 모집 후 4일간 거쳐 트레이닝을 하고, 그 트레이닝을 거쳐 통과된 사람들만 이 국토순례에 참가할 수 있다고 한다. 5박6일에 50~60만원 이라 했던 것 같다.

팜플렛도 주시며 회사 소개를 적극 하신다. 여행의 스타일이란게 여러 가지가 있는데, 이곳의 방식은 여행자들이 쉽게 준비하면서 효과는 적절히 얻을 수 있는 프로그램으로 짜여져 있다. 그러나 이런 패턴이 편리하고 안전해 보여서 좋아하는 사람이 있을지도 모르겠지만, 내가 가만보니 자전거로 이동하고 움직이는 패턴이 주입식 스타일의 패키지 프로그램인지라 내가 원하는 방식의 여행과는 거리가 멀다.

내가 지금 하는 이 여행의 취지가 나는 더욱 살아있는 경험이라 생각한다. 정해진 코스도 루트만 있지 어떻게 펼쳐질지 알 수 없고 먹는 것도 스스로 찾아 해결해야 하고, 잠자리도 정해진 곳 없이 여행지를 다니며 스스로 찾아가는 자유여행. 나는 이것이 더욱 의미있고 넓은 세상을 볼 여건을 얻는 것이라 생각한다.

상주 자전거박물관을 지나가는데 화장실 앞 구석에 웬 장수풍뎅이 한 마리가 있다. 애들은 신기해 하기에 각자 들고 사진도 찍어

주었다.

각 지역의 센타에서 자전거 여행객들을 위한 편의시설을 만들어 놓은 곳. 그런곳에 사는 그 지역 사람들 중 위치 좋은 곳에 매점을 차려놓은 사람들은 이 여름 한 철 대박 장사를 한다.

뜨거운 태양 아래 수도없이 오르막 내리막을 고생하며 가는데 적당한 편의시설도 없이 이 고생을 겪게 되면 점프를 하고 싶은 마음이 절로 솟을 것이다. 거기에 날까지 슬슬 저물어 가는 늦은 오후가 되면 그 유혹을 버텨낼 재간이 없나보다.

1인 3만 원에 1박과 저녁, 아침식사 제공. 픽업을 해 주고 원하는 몇 구간은 점프 이동. 이런 걸 이용하는 자전거 국토종단 여행자의 심리는 무엇인가. 시간이 없어 얼른 지나가야 하는 것인가. 할 만큼 했으니 뛰어넘어도 큰 지장은 없다고 생각하는지.

손님잡기에 혈안이 된 상주민박집을 뒤로 하고 우린 '**상주보**'를 지나 '**낙단보**'까지 가려한다. 지도상에는 모텔이 있고, 또 없다 하여도

1. 여기가 낙동강 칠백리가 시작되는 지점이다.
2. 상주 상풍교 인증센터

22%짜리 언덕구간을 힘겹게 오르고 있다.

가다보면 결국 나올 곳은 나오기에 그냥 간다.

아름다운 산천과 지는 태양을 보며 사진도 찍으며 달리는데 우측에 작은현수막에 '민박집' 이라고 써 있다. 그 뒤로 마을이 보이고 바로 민박집 건물이 보이길래 전화를 해본다. 우리가 머물 방도 있고 식사도 저녁, 아침이 뷔페식으로 가능하고, 아까 상주민박집에서 우리가 제시한 금액으로 가능하기에 오늘은 이곳에서 머물기로 모두 결정했다.

이곳 '들꽃밥상' 민박집은 주인 내외분도 친절하고 마당에 자전거 거치대, 공기주입기, 체인오일, 펑크패치 등이 구비되어 있고, 세탁시설, 한식뷔페 등도 되어 있다. 방은 칸막이가 얇아 옆방의 소리가 다 들리지만 그런대로 아늑하게 쉬기에 참 좋다. 외진 마을인지라 주변에 매점은 없으나 사장님이 차로 4km 거리를 편의점까지 이동도 시켜주셨네. 게다가 내일 아침도 오전 6시부터 먹을 수 있다.

오늘 달린거리는 70.04km 이고, 오늘까지 달린 국토종단 총 주행거리는 356.43km 이다.

오늘 노정은 '문경온천' 킹모텔 - 15.**문경불정역** 인증센터 - 16. **상풍교** 인증센터 - 17. **상주보** 인증센터 - 들꽃밥상 민박집이다.

- 먹거리 - '문경온천' 마을 주변. **상풍교** 인증센터의 아라서 판매대
  식수. **상주보** 인증센터의 매점. 좀 더 가면 유원지 매점과
  식당. '중동교' 주변 작은 매점 하나.
- 화장실 - **상주보** 인증센터 상주박물관. 놀이동산 화장실.
  '상주 자전거박물관' 내.
- 잠자리 - 유원지 횟집 식당의 펜션. 상주민박, 들꽃밥상 민박
- 자전거샵 - 들꽃밥상 민박집의 간이 정비 용품들

자전거 국토종단 5일째 끝 (150727 Mon.)

자전거 21팀의 자전거 여행

동준이의 부상

20150727 Monday
박성우

　우리는 아침으로 순두부를 먹기 위해 새벽 5시 45분에 기상을 했다. 잠을 깨고 잠자리를 정리한 후 우리는 순두부집으로 향했다. 나는 된장찌개를 시켜놓고 그곳에서 화장실을 갔다.
　된장찌개를 기다리면서 우리는 오늘 갈 곳이 어디인지 지도를 보았다. 나는 된장찌개를 맛있게 먹고 라이딩을 위해 자전거를 빼서 점검을 하였다. 그런데 오늘 합류하신 전도사님은 첫날이라 점검을 많이 해야했다.
　우리는 각자 자전거를 바꿔서 어느 것이 편한지 타보기로 했다. 나에게는 민수와 동준이의 자전거중 동준이의 자전거가 제일 편했다.

나는 승제형의 자전거도 타보았다. 그런데 승제형의 자전거는 높아서 조금 무서웠지만 그래도 재미있었다. 자전거를 타고 가다 보니 옆에 수영장이 있어서 놀고 싶었지만 갈 길이 멀어서 아쉽게도 그냥 출발을 해야만 했다.

그렇게 출발을 해서 가다 보니 폭포가 있었는데 아쉽게도 물이 내려오지 않아 이 또한 아쉬웠다.

우리는 땀을 흘리며 계속 가는데 가다가 우회전을 해야 할 곳에서 좌회전을 하는 바람에 온 길을 되돌아 갈 뻔 했다. 다행히도 빨리 알아보고 제대로 갈 수 있었다.

가다보니 민수가 많이 힘들어 해서 제대로 따라 오지 못했다. 그래서 민수를 1번 주자로 놓고 제일 잘 달리는 동준이를 마지막 주자로 놓고 대열을 맞춰 갔다. 그렇게 가다가도 민수가 오르막길을 잘 오르지 못한다는 것을 까먹고 그냥 쭉 가는 바람에 민수가 다시 꼴찌가 되었다.

그 점이 민수에게 미안했다. 하지만 나의 단점은 미안한 마음이 있어도 미안하다는 말을 잘 못한다는 것이다. 민수한테 미안하다고 해야하지만 못했다. 민수도 서운함을 느꼈는지 조금 서먹했지만 나중에 다시 친해졌다. 역시 우리 사이는 아무것도 갈라놓지 못하는 것 같다. 그래도 힘이 들어 우리는 말없이 라이딩을 이어갔다.

가다가 소를 만났는데 나는 송아지가 귀여워 송아지와 음매싸움을 했다. 선생님이 소와 사진을 찍고 가자고 하셨는데 우리가 못듣고 그냥 가는 바람에 선생님이 화가 나셨다. 선생님은 제일 못 달리는 민수를 1번 주자로 놓고 동준이와 나는 알아서 하라고 하셨다. 그래서 내가 3번 주자가 되어 라이딩을 했다.

그런데 계속 가다가 동준이가 옆에 있는 턱을 보지 못하고 걸려 넘어지고 나도 동준이가 넘어진 것을 늦게 발견했기에 같이 넘어져 버렸다. 그때 하나님이 나를 보호해 주서서 나는 안 다쳤지만 동준이가 조금 심하게 다친 것 같았다. 일단 다른 사람들이 자전거를 일으켜 주고 동준이는 소독약을 발랐다. 동준이가 따가워서 아파하는 모습을 보니 얼마 전 내 모습이 생각났다.

전에 내가 민수와 라이딩 연습을 하다가 내가 지그재그 장난을 치는 바람에 뒤에 오던 싸이클이 나를 박아서 내가 날아가 다친 적이 있었다. 물론 오늘 동준이는 그날의 나보다 덜 다친 것 같았지만 내가 걸려 넘어지는 바람에 더 다친 것 같아서 마음이 좋지 않았다. 우리는 동준이가 조금 나아질 때까지 기다렸다.

기다리는 동안에 탭선생님과 나, 민수는 자지 않고 일기를 썼다. 그리고 10시 35분쯤 동준이의 의견을 물어보았는데 동준이가 괜찮다고 해서 우리는 다시 출발했다. 그렇게 한동안 우리는 아무런 특별한 일 없이 힘겹게 라이딩을 이어갔다. 그런데 계속 가다보니 엄청 높은 언덕이 눈앞에 나타났다. 나는 언덕을 보자마자 다리에 힘이 풀리기 시작했다. 올라갈 힘이 없어서 민수와 같이 걸어서 올라갔다. 언덕 끝까지 올라 간 후 내리막에서는 자전거를 타고 빠르게 내려갔다.

그리고 상풍교에 있는 '아라서' 라는 가게에서 얼음물을 마셨는데 그 가게는 양심껏 돈을 내고 가라는 뜻에서 가게 이름이 아라서 였다.

그렇게 얼음물을 마시고 22%언덕을 올라갔다. 너무 힘이 들어서 우리는 내려서 걸어가야했다.

그렇게 오르막길은 자전거를 끌고 올라가고, 내리막에서는 자전거를 타고 내려왔다. 그렇게 오르막과 내리막을 번갈아 가며 정상에 도착했다. 경사는 7%라고 적혀 있었지만 정말 가파라 보여서 내려서 걸어갔다.

그렇게 경사를 내려와 매점에 가려고 했는데 매점이 휴업이라 간식을 못 먹고 옆에 있는 횟집을 들어갔다. 회를 좋아하는 나는 개이득이라고 생각했는데 횟집에서 회는 먹지 못하고 회덮밥을 먹었다. 회덮밥도 맛이 좋았다.

1. 문경불정역 인증센타에서 성우
2. 동준이가 회복되길 기다리며
3. 상주 상풍교 인증센타에서 성우
4. 22%언덕을 힘겹게 오르고 있는 성우

그렇게 밥을 먹고 힘을 내서 우리는 다시 언덕 몇 개를 넘었다. 그리고 드디어 민박집을 찾았다.

샤워를 하고 자전거를 정비한 다음 남은 시간동안은 개와 놀았다.개가 우리를 두려워하는 것 같아서 나와 동준이가 개 앞에서 춤을 추었더니 개가 우리를 미친 놈 보듯 쳐다보았다. 우리는 병아리 앞에서도 춤을 추고 고양이 앞에서도 춤을 춰주고 싶었지만 고양이가 숨어 버려서 춤을 춰 줄 수가 없었다.

저녁밥을 먹고 일기를 쓰는 것으로 또 하루를 마감하고 있다. 내일도 건강하고 아무런 사고도 없이 건강하게 달리자.

내일도 파이팅!

상주보 인증샌터에서 상우

22% 언덕의 고생

20150727 Monday
조동준

날씨: 비가 약간 왔다.

오늘 5시 45분 호텔킹에서 눈을 떴다. 어제는 11시에 자서 별로 졸리지는 않았다.

빨래를 가방에 넣고 자전거를 정비했다. 별로 이상한 데는 없어서 서로 자전거를 바꾸어 탔다. 바꾸어 타보고 서로 자전거의 장단점을 비교해 보았다.

자전거 정비가 끝나자 새재 자전거 길을 따라서 인증센터를 향해 떠났다. 쭉 길 따라 가니 문경불정역 인증센터에 도착 했다.

근처 박물관에서 역사를 구경하려고 했는데 박물관에 볼 것이 없어서 그냥 가야 했다. 약간 아쉬웠다. 역사를 한번 죽 훑어보고 싶었는데 역사관을 뒤로 하고 자전거 길을 따라 달렸다. 이다음부터 별일이 없었다. 그런데 우리가 30㎞를 쉬지 않고 달렸다. 아까 승엽이 형이 길을 두 번 잃었을 때만 해도 조금 시원했었는데 지금은 정말 더웠다.

우리가 쉬지 않고 달린 후 처음으로 멈춘 곳은 창동 쉼터였다. 쉬려고 멈춘 것이 아니라 다쳐서였다. 불행하게도 그 주인공은 바로 나였다.

도로를 달리는데 작은 기둥 같은 것이 많이 있다. 앞의 민수와 약간 가깝게 달리고 있는데 가방이 그 기둥에 걸린 것이였다. 처음에는 그냥 넘어지겠지 하고 생각면서 옆으로 몸을 돌렸다. 오른쪽으로 돌면서 넘어져서 팔과 다리가 까졌다. 일어났는데 몸을 살펴보니 무릎과 팔 중간이 까져 있었다. 피가 흘렀다. 물을 뿌리고 소독약을 발랐다. 바늘로 찌르는 것처럼 따끔하고 아팠다. 뒤 따라 오던 성우도 오다가 내 자전거에 걸려 넘어졌다. 그래서 근처 창동 쉼터에서 쉬었다 갔다.

잠시 마루에서 잠을 청했는데 35~40분 정도 잤다. 자고 일어나서 걸어 보니 약간 따끔따끔하고 아팠다. 아, 왜 나만 이렇게 다쳤을까……. 뒤따라오던 성우는 넘어져도 안 다쳤는데.

욱신욱신하는 오른쪽 팔다리를 이끌고 천천히 자전거를 탔다. 굽힐 때 아팠는데 계속 타다보니 아픔이 조금 가셨다. 나중에는 하나도 아프지 않았다. 정말 다행이였다.

　아픈 몸을 끌고 계속 가다보니 '낙동강 칠백리'라는 비석이 있는 곳에 멈추었다.

　그런데 우리는 그 30㎞가량의 길을 한번도 쉬지 않고 달렸다. 엉덩이와 무릎, 팔, 손목이 저려왔다. 비석 앞에서 선생님이 사진을 찍어 주시고 물을 마시며 쉬었다. 조금 쉬었는데 금방 가자고 하네. 근처에 매점도 없고 그래서 다시 출발을 하였다.

　하나의 언덕을 만났다. 그 언덕은 경사가 별로 심하지는 않았지만 체력이 달려 힘들었다. 조금만 더 체력을 키워야겠다. 그 언덕을 넘고 우리는 상풍교를 건너게 된다. 그 중 두 번째 인증센터인 상주 상풍교에 도착하게 되었다. 일행 중 나만 인증센터를 지나쳐서 다시 올라와야 했다.

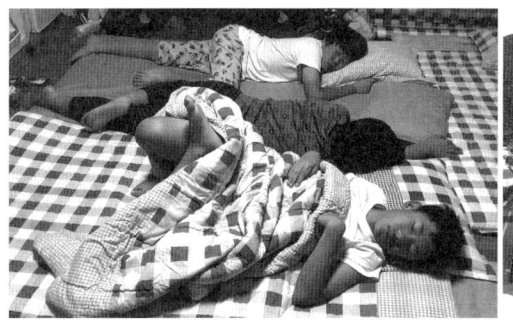

1. 잘 때는 한없이 이렇게 잘 잔다
2. 문경불정역 인증센터에서 동준이

근데 위에 '아라서 양심대 판매단'이라는 얼음물, 음료수 판매점이 있었다. 얼음물과 음료수를 가져가고 상자에 양심껏 돈을 넣으면 되는 거였다. 그래서 양심껏 물을 사고 내리막길을 내려갔다. 아까 만난 외국인들이 있었는데 나중에 또 만날 줄이야…….

쭉 가다보니 22%짜리 언덕이 등장했다. 정말 경사가 급해서 웬만하면 정말 올라가기 힘들다. 아무리 잘 달리는 승제형도 걸어 올라갔을 거라고 예상했다. 경사가 매우 급하기 때문이다. 22% 언덕은 처음이었다.

그런데, 막상 끌고 오르막길이 끝나고 먼저 기다리고 있는 승제 형에게 물어보았다. 아무리 형이라도 끌고 올라왔을 거라고, 그러나 승제 형은 그 22%짜리 언덕을 타고 올라왔다고 대답했다. 정말 놀라울 뿐이었다. 승제 형은 승엽이 형도 못 올라온 언덕을 타고 올라왔기 때문이다. 승제 형은 이제 역사에 남을 것이다.

1. 낙동강 칠백리 비석 앞에서 동준이
2. 상주 상풍교 인증센터에서 동준이
3. 아라서 양심 판매대에서

언덕을 지나니 매점이 나왔다. 그러나 밑에 식당이 있어서 식당 횟집에서 밥을 먹었다. 나는 회덮밥을 먹었는데, 정말 맛있었다.

밥을 다 먹고 또 달리기 시작했다. 전의 매점은 문을 닫고 아까 매점은 식당 때문에 못가서 오늘은 매점 운이 없나 보다. 맛있게 회덮밥을 먹고 달리니 세 번째 인증센터인 상주보에 도착했다.

상주보에서 사진을 찍고 언덕을 넘어 열심히 달리다 보니 자전거 민박집이 나왔다. 식당과 붙어 있었는데 이름은 들꽃식당이였다. 가는데 우리가 1~2㎞ 더 지나가서 다시 되돌아오느라 시간이 조금 더 걸렸다.

자전거를 닦고 성우와 나는 강아지들과 놀았다.

민수는 성우와 노느라 뭘 했는지 잘 모르겠다. 빨래를 세탁기에 넣고 정말 맛있는 저녁식사를 했다. 저녁 식사를 하고 근처 편의점에 간식을 사러 갔다. 숙소에서 간식을 먹고 양치를 하고 잠에 빠진다.

오늘도 수고 했다. 파이팅!

1. 22% 언덕이라
2. 상주보 인증센터에서 동준이
3. 강아지와 놀고 있는 동준이

힘든 날

20150727 Monday
강민수

아침 5시55분에 정모형의 엄청 큰 알람 소리가 들려왔다. 그 알람 소리가 성우와 승제형만 빼고 다 깨웠다.

6시쯤에 어제 저녁을 먹었던 곳으로 아침을 먹으러 갔다. 거기서 된장찌개를 든든히 먹고 숙소로 가 출발 준비와 자전거를 꺼냈다. 승제 형 동준이 성우 나 넷이 자전거를 바꾸어 탔다.

세븐일레븐 앞 의자에 여자 아이와 아버지가 우리랑 같은 여행을 하는 도중이어서 쌤이 아저씨와 얘기를 하셨다. 우리는 출발 전에 아침기도를 하고 출발을 했다.

문경 불정역까지 달려서 수첩에 인증도장을 찍었다.

도장을 찍고 출발을 하는데 몇 km 달리니 동준이의 가방이 턱에 걸려서 넘어졌다. 다리를 심하게 다쳐서 옆 정자 쉼터에서 11시까지 쉬기로 했다.

쌤이 10시45분쯤에 출발하자고 해서 정자에서 자고 있는 형들과 동준이를 깨웠다. 날씨가 흐려서 빨리 달리자고 했다.

점점 흐려져서 곧 비가 올 거 같아 빨리 달리는데 앞에 큰 언덕이 나왔다. 전도사님께서 언덕 끝까지 올라가기 도전을 하자 하시고 10m정도 올라가셨고, 동준이도 똑같이 10m를 올라갔다. 승제형은 탄력도 없이 22% 언덕을 한 번도 안 쉬고 올라갔다. 승제형의 체력은 거의 괴물급 이었다. 우리는 언덕을 한번에 못 올라갔다.

휴식을 잠깐하고 언덕을 내려오는데 매점이 있어서 그쪽으로 갔다. 매점 문이 닫혀서 다시 출발하려고 하는데 비가 많이 와서 멈출 때까지 쉬기로 했다. 배가 고파서 빵을 꺼내서 다같이 먹었다.

비가 멈춰서 출발 준비를 하는데 비가 다시 내려서 기다리는 수밖에 없었다. 몇 분이 지나자 비가 멈춰서 바로 출발했다.

내리막 길이 비에 젖어서 브레이크를 잡으면서 내려 가는데 브레이크 패드가 갈리는 소리가 들려 살짝 살짝만 잡으면서 내려갔다. 마침 식당이 있어서 밥이 되나 물어보았는데 사장님이 나가셔서 식사가 안된다고 해서 밑에 있는 횟집에 가서 회 덮밥을 먹었다. 회 덮밥을 먹고도 배가 고파서 공기 밥을 하나 더 시켜서 매운탕과 함께 밥을 먹었다. 회 덮밥을 처음 먹어보았는데 맛이 있었다.

쌤이 수영장이 있는 팬션이 있다고 여기서 잘 것인지 그냥 갈 것인지 투표를 했다. 다들 그냥 가자는 쪽이어서 다시 출발을 했다.

상주보에 내려 가기 전에 장수하늘소가 있어서 다같이 손등에 올리고 사진을 찍었다. 사진을 먼저 찍은 나, 전도사님, 정모형은 다른 멤버들이 올 때까지 상주보 밑에서 기다리고 있었다. 10분 정도 지나니 50명이 넘는 학생들이 자전거를 타고 내려왔다. 나는 그 학생들이 부러웠다. 짐도 없이 편안하게 달리고 있었기 때문이다. 하지만 이런 고생도 나쁘지 않은 거 같았다.

1분 후에 선생님과 형, 친구들이 내려왔다. 상주보가 끝나자 언덕이 나왔다. 언덕과 내리막길을 건너니 평지가 나왔다. 평지를 지나니 다시 언덕이랑 내리막길이 나와서 많이 힘들었다. 내리막길이 매우 가파라서 쌤이 조심히 내려가라고 하셨다.

1. 출발 전 아침기도. 늘 이렇게 출발 전 아침에 기도를 하였다.
2. 문경불정역 인증센터에서 민수
3. 상주 상풍교 인증센터에서 민수

내리막길을 다 타고 내려오니 형들과 애들이 매점에서 음료수와 아이스크림을 먹고 있었다. 간단히 쉬고 다시 출발을 했다.

쌤은 저 뒤에 오는데 우리가 너무 빨리 가서 숙소를 지나쳐 버렸다. 할 수 없이 다시 뒤로 돌아갔다.

숙소에서 몸을 다 씻고 자전거 정비를 하고 밥을 먹었다. 밥을 먹고 매점에 가려 하는데 숙소 아저씨가 매점까지 차를 태워 주신다고 하셨다. 차를 타고 가는 도중에 나는 궁금한 게 있었다. 전도사님 이름이 전도사님 인지 궁금해서 물어보았는데 다같이 웃었다. 매점에서 아이스크림과 음료수를 많이 사와서 먹고 잤다.

비가 오락가락해서 힘든 하루였다. 내일은 비가 안 오면 좋겠다.

주행거리 70.04km

총 주행거리 300km

22%언덕을 오르고 있다.

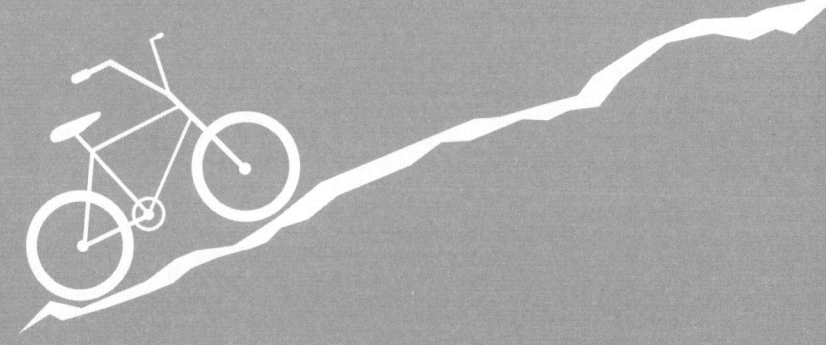

최선을 다해 살아야 미래의 소망이 커서
현실에 고통과 어려움이 있어도 이긴다.
현재의 고통은 장래의 희망으로 이기는 것이다.

2015년 7월 28일 화요일, 여섯째 날

자전거 국토종단
6일째 시작

20150728 Tuesday
김길환 선생님

6시 기상. 오늘은 이 민박집에서 하는 뷔페식 아침을 먹고 출발하려 한다.

7시 40분 출발. 아침부터 준비하는데 벌써 더워서 식은땀이 줄줄 흐른다.

낙단보 인증센터는 다리 건너편에 있는데 역시 표지판이 없어 그냥 지나치기 쉽다.

모텔은 강변에 3개나 있다. 다음 행선지인 **구미보** 인증센터까지는 느긋한 평지다. 20km 길이의 자전거 도로를 그냥 뜨겁게 달린다. 이 구간은 매점 하나 제대로 없다.

구미보 인증센터까지 가니까 자판기가 두 대가 있다. 물을 엄청 뽑아 아이들을 먹이고 빈 물통에 채운다. 그리고 밑에 화장실이 있어 아이들을 다 불러서 등목을 시켜주고 머리를 감게 했다.

 관리하는 아저씨 한 분이 오셨기에 "자판기에 물이 없어요~." 하니 사무실에 들어오라 하시어 물을 주시네. 값을 치루려 하니 무료로 그냥 주신다. 귀한 물을 시원하게 냉장고에서 꺼내 주시다니!! 앞으로 어떤 구간이 나올지 예상은 되기에 아이들에게 물을 다 채우도록 한다.

 민수의 프론트랙, 성우의 프론트랙에 달린 오르트립 패니어의 밑부분이 자꾸 스포크에 닿는 이유가 뭔지를 보니, 애들이 달아놓은 프론트랙은 기존의 랙과 구조가 약간 다르다. 높이가 짧은 것이다. 그러니 밑의 패니어 플라스틱이 자꾸 안쪽으로 감겨가는 것이었다. 똑같은 다혼 회사의 제품인데 이번 것은 이렇게 작게 나온 것이다. 다음부터는 프론트랙을 제대로 봐야겠구나.

1. 낙단보 인증센터 도착
2. 구미보 인증센터 도착
3. 제대로 된 프론트랙 제품
4. 문제있는 프론트랙 제품

뜨거운 태양 아래 20km를 달리는 동안 한 번도 안 쉬니 이제 좀 제대로 여행답게 달리는 듯 하네. 달리는 중간에 쉼터도 하나도 없었기에 이제 적당한 곳에서 휴식을 해야겠다.

그늘을 찾았는데 화장실은 있으나 물은 없네. 그 그늘이 '산호대교' 다리 밑이었던가. 그곳에서 비상으로 챙겨놓았던 버터오징어를 나눠먹으니 맛있네. 해외 자전거여행 때는 이렇게 비상식량을 채워갖고 다녀야 한다는 걸 알려준다.

'산호대교'를 넘어가니 24시 편의점이 나왔네. 이곳에 편의점이 있다는 정보를 미리 알았다면 아까 다리 밑에서 안쉬고 올라와서 쉬니 시간을 더 버는 것이지.

간단히 먹고 가려했는데 건물 밑에 소고기국밥집이 있다. 지금 시간이 오전 11시30분인데 오늘 같이 폭염주의보가 내린 날에는 이 때 더 달려주고 한낮 시간인 2시 전후를 식사를 하며 태양을 피하고 싶었지만, 이 낙동강 구간이라는게 매점도 어디에 있는지 아직 모르고 식당은 더더욱 그러하기에 보일 때 먹어두자는 생각을 하게 된다. 게다가 동준이가 편의점에서 간단히 먹으려고 하는게 사발면이었기에 차라리 밥을 먹자고 한 것이다.

자전거를 거치하는 게 그늘을 찾아서 하려고 찾는데 식당 주인 아주머니가 지금 구름 꼈다고 그냥 아무곳이나 놓게 한다.

난 태양이 금방 나오는 날씨이기에 최대한 그늘을 찾아 놓고자 하는데 아주머니는 그 맘을 모른다.

식당만 많다면 그냥 가버리고 싶었지만 다른 식당은 위치를 모르기에 그냥 참았다.

 식사는 맛있게 잘 먹었네. 그러나 역시 식당에서 받은 정수기 물맛은 나중에 달리면서 먹는데 좀 이상하긴 했다.

 식사 후 편의점에서 다시 음료와 아이스크림을 먹고 화장실을 다녀온 후 출발을 했다. 그런데 하필 역시나 제일 뜨거운 태양인 오후 1시 30분이다.

 아~ 달리기 싫다. 애들은 끄덕없이 잘도 가네. 태양은 뜨거운데 자전거도로가 하얗게 비포장이라 너무 눈이 부시다. 히말라야나 k2, 에베레스트를 오르는 사람들이 선글라스를 안 쓰고 눈이 실명이 되어버릴 정도가 된다는 게 실감이 날 정도다.

 결국 6일 동안 선글라스를 안 쓰고 달려왔는데 오늘 처음 눈이 부시어 쓰게 되었네. 선글라스를 쓰면 태양이 약해 보여 심리적으로 덜 덥게 느껴지기도 한다.(대신 부엉이 눈이 되는 것은 각오해야 한다.)

 식은땀이 좀 나기 시작하고 이상하게 힘이 딸려오니 순간 생각이 든다. 예전 안면도에 같이 여행갔던 중학생 한 명이 웃통 벗고 뙤양볕 아래 바닷가에서 두 시간 있다가 화상 걸렸던 기억이 났다. 아이들은 혹 그리되는 건 아닌가 하는 염려가 들었다.

 그때 바로 분수대가 오른쪽에 보였다. **충주탄금대**가 생각나네. 그래 그 때는 자전거와 함께였지만 오늘은 몸의 열을 좀 식히자.

그런데 애들은 인증도장 찍는 것이 더 좋았나보다. 하기야 인증센터가 바로 100미터 앞에 있으니...

인증센터고 뭐고 우선 나만이라도 좀 열을 식히고 평상에 누워 쉬니 조금은 몸이 나아지는 기분이다.

칠곡보 인증센터에 다행히 편의점이 있다! 이곳에서 음료와 아이스크림을 먹고 화장실에서 다시 몸을 적시니 열이 내렸다.

내가 왜 이리 힘들고 힘이 빠지는가 생각해 봤더니, 이 여행이 내 것만 신경 써서 라이딩을 하는 게 아니라 애들이 무슨 문제 생길 때마다 일일이 내 일같이 다 해결해야 하고, 또 그러기전에 무슨 일이 생기지 않게 미연에 다 방지하고 지적하고 체크해놔야 하니 이 더위에 점점 지쳐가고 있는 것이었네.

그런데 놀라운 것은 함께 여행하는 승엽이는 본인 것 다 하고, 내가 지시하는 것도 다 신경 쓰고, 애들 문제 생기는 것까지 다 도와주니, 참으로 대단하다! 승엽이에게 이 여행은 참으로 큰 성장이 되는 경험이 되겠구나.

1. 폭염 속에 달리고 있다.
2. 산호대교 위로 올라와서 자전거 도로를 따라 산호대교를 가로지르면 바로 이 칠곡군 표지판이 보인다. 이 뒤에 편의점과 식당이 있다
3. 칠곡보 인증센터 도착

벤치에서 열을 식히며 생각을 좀 달리해 본다. 애들을 너무 챙겨서 경험할 것을 못하게 막지 말고 스스로 겪고 부딪히며 가게 하는 것도 좋겠다 싶네. 그렇게 마음 먹으니 기운이 스르륵 올라오는 기분도 든다.

다시 달린다. 좀 달리다가 공원 같은 곳에서 수돗가를 발견하였다. 이곳에서 잠시 쉬며 모두 온몸을 물로 적신다. 한강을 달리면서는 못했는데 이곳에서는 애들에게 시원하게 온몸을 적시는 경험을 시킨다. 아이들이 처음에는 몸을 사렸지만, 이내 그 짜릿한 시원함을 느끼며 아주 즐겁게 된다.

그런데 동준이가 자전거물통을 어디에 두었는지 기억을 못하네. 아마 아까 **칠곡보** 인증센터에서 편의점에 들어갔을 때 그곳에 놔두고 온 것 같다. 내가 출발 할 때 마지막으로 인증센터 부스 주변을 여러 번 봤는데 그 자리에는 아무것도 없었는데. 아... 내 몸이 덜 힘들었거나 마음을 계속 지키며 애들을 신경 썼으면... 출발 전 한마디라도 '놔 두고 가는 것 없는지 확인해라.' 는 말을 또 했을터인데...

이렇게 성우의 뒤를 이어 동준이의 물통도 사라지네. 자전거샵이 어디 보여야 물통을 사던지 하는데 이렇게 국토종단 하면서 **양평군립미술관**을 지난 후 **강천보** 인증센터에 도착하기 전의 문 닫힌 자전거샵을 한 번 본 이후로는 제대로 된 자전거샵을 본 적이 없다. 이러한 상황이니 국토종난을 제대로 하려면 자선거 용품, 장비 자체를 준비하고 다녀야 할 것이다.

그렇게 몸을 적시고 달려도 몇 분 지나지 않아 금방 윗옷은 다 마르고 등에는 땀이 흐른다. 그래서 수돗가가 또 나오면 바로 멈춰 물놀이?를 한다. 이렇게 물로 몸을 적시며 라이딩을 하여서 오늘의 폭염을 이겨낼 수 있었다.

강정고령보 인증센터에 도착했다.

이곳은 매점이 자전거 도로 아래에 있다. 이곳에서 아버지와 함께 여행하고 있는 딸을 또 만났다. 안산달곡초등학교 5학년 우서현 이라는 학생이다. 이 아이는 초등 1학년 때부터 자전거를 탔다고 하며 MTB대회는 다 참가하고 이번에는 국토종단을 하며, 낙동강을 다 내려간 다음에는 동해를 타고 올라갈 것이라 한다. 이렇게 여학생도 자전거를 타고 여행을 하고 있다는 것을 남기기 위해 사진을 같이 찍었다.

성우의 패니어가 너무 스포크에 닿는다. 그래서 그 패니어를 빼서 동준이 자전거 뒷짐받이에 장착한다. 이제부터 성우는 동네 라이딩 모드로 시원하게 가게 되고, 동준이는 여행자 모드로 간다. 가다가 동준이가 힘들어 하면 성우랑 자전거를 교체하게 할 계획이다.

대구광역시 달성군으로 들어서는 다리가 있다. 시간이 하루가 다 지나가기에 지는 태양을 향해 달린다. 이제 한낮의 더위는 풀이 다 죽었다. 모두 열심히 모두 달려 **달성보** 인증센터에 도착했다.

이곳도 편의점과 화장실은 있으니 좋다.

이곳에서 아까 ***강정고령보*** 인증센터에서 만났던 아버지와 딸을 다시 만났네. 어떻게 이렇게 빨리 왔냐고 아버님이 놀라신다. 아버님이 길을 헤매셨나보다. 우린 길을 따라 그냥 왔던 것뿐인데 말이지. 주변에 민박집 연락처가 보여 그리로 갈까도 했으나 표지판의 지도를 보니 '현풍시외버스터미널'이 자전거 도로에 걸쳐 있다. 이곳까지 가면 숙소가 있을 듯해서 그냥 계속 가보기로 한다. 민수, 성우, 동준이가 갑자기 잘 달리네.

숙소를 얼른 찾아야 하기에 내가 선두로 간다. 속도를 올려 먼저 달린다. 내 뒤로 성우, 동준, 민수를 따라오게 했다. 애들이 오늘 이미 100km를 넘게 달렸는데도 아주 잘 따라온다. 오늘 그 더위에서도 끄떡없더니 이미 이 아이들이 자전거여행자의 초보딱지를 뗀 것인가?

강가 자전거 도로에 조깅을 하며 가는 남자분이 있어 멈춰서 '현풍시외버스터미널'쪽에 모텔이 있는지 물어보니 역시 우리가 가는 자전거도로를 따라가다보면 있다고 한다. 그럼 그렇지~!

1. 달리면서 수돗가가 나오면 온몸을 물로 적신다.
2. 강정고령보 인증센터에서 만난 여학생
3. 앞뒤 패니어를 장착하고 여행자 모드가 되어버린 동준이

신호등 건너 좌측편에 모텔이 하나 보인다. 이미 저녁 8시가 다 되어가니 오늘은 저기서 쉬어야 겠다. 가서 방을 살펴보니 아주 괜찮고 좋다. 두 방을 얻어서 4명씩 나눠서 쓴다. 주인분께 세탁 말씀을 드렸더니,

"죄송해요. 세탁기가 고장이 나버렸어요." 하시기에 "그럼 세제를 조금 주시면 안될까요? 저희가 욕조에서 샤워할 때 넣고 각자 밟고 빨면 되거든요." 하니 흔쾌히 세제를 많이 챙겨주신다.

애들을 시켜 각자 자기 것은 자기가 하려 했는데 승엽이가 하겠다고 나서서 다 한다. 애들을 시키고 승엽이도 쉬게 할려다가 너무 태연히 말하길래 "그래라." 했다.

하루의 찌든 땀과 피로를 샤워로 간단히 씻어낸 후, 숙소 밖으로 나가서 '30년 된 맛있는 밥집' 간판이 보이길래 그곳에서 식사도 엄청 많이 잘 먹었다.

피곤을 무릅쓰고도 애들은 일기를 다 쓴다. 나도 오늘은 살도 타고, 눈도 아프고, 글을 쓰는 내내 눈이 감긴다. 오늘은 이만 정리한다.

오늘 달린 거리는 113.87km 이고,

국토종단 총주행거리는 470.30km 이다.

오늘 노정은 '들꽃밥상' 자전거 민박 - 18. **낙단보** 인증센터 - 19. **구미보** 인증센터 - 20. **칠곡보** 인증센터 - 21. **강정고령보** 인증센터 - 22. **달성보** 인증센터 - 현풍의 '엘레강스 모텔' 이다.

- 먹거리 - 산호대교 편의점과 식당. **칠곡보** 인증센터 편의점.

    강정고령보 인증센터 밑 매점. **달성보** 인증센터 편의점.

    현풍면 식당, 매점
- 화장실 - **낙단보** 인증센터 150미터 주변.

    산호대교 편의점과 식당. **칠곡보** 인증센터 내.

    강정고령보 인증센터 옆. **달성보** 인증센터 편의점.
- 잠자리 - **달성보** 인증센터 주변 민박집. 현풍면의 모텔
- 자전거 샵 - 못 봤음.

자전거 국토종단 6일째 끝 (150728 Tue.)

22%언덕을 오르고 있다.

설마 100키로 이상?

20150728 Tuesday
박성우

날씨 : 후라이를 구울 수 있을 만큼

오늘은 6시에 기상을 해서 옆에 있는 식당으로 밥을 먹으러 갔다. 어제 먹은 반찬이랑 같은 반찬이라 나는 별로 먹을 것이 없었다. 어제와 다른 거라고는 어묵국밖에 없어서 어묵국에 밥을 말아 먹었다.

밥을 다 먹자 주인 아주머니께서 파리바게트에서 파는 롤리팝 사탕을 주셔서 우리는 하나씩 들고 다시 방으로 가 가방을 쌌다. 그리고 자전거를 정비하고 출발준비를 했다.

나는 다른 사람들이 정비를 하는 동안 잠자리를 잡고 싶어서 잡으려 했지만 계속 실패했다. 민수는 내가 너무 느려서 그렇다고 했다.

우리는 마지막으로 민박집 앞에서 기념사진을 한 장 찍고 출발했다.

가다가 작은 오르막이 있었는데 계속 스피드를 낸 다음 그 반동을 이용해서 기아 9단으로 올라가 보았다. 오르막길을 자전거를 타고 올라 간 것은 처음이었다.

그렇게 길을 따라 계속 가는데 다리를 따라서 좌회전을 해야 하는데 직진해서 우리는 또 길을 잘못 들어 다시 유턴을 해서 돌아와야 했다. 그렇게 제대로 된 길을 찾아 다리를 건너 낙단보에서 인증도장을 찍고 바로 갔다.

또다시 갈랫길이 나왔는데 동준이는 왼쪽으로 가자고 하고, 나는 오른쪽 길로 가자고 했다. 알고보니 오른 쪽으로 가는 것이 맞았다. 우리는 오른쪽 길을 쭉 갔다. 우리는 아무일 없이 즐겁게 35킬로미터 떨어진 구미보에 갔다.

구미보 앞 자판기에서 음료수를 뽑아 마신 후 물을 채우려 했지만 주변에 매점이 없어서 물도 자판기에서 뽑아서 넣어야 했다. 그렇게 물을 채운 후 우리는 화장실에 들어가서 등목을 했다. 정말 시원했다.

우리는 등목을 한 채로 출발했지만 20분도 지나지 않아 물이 다 말라 버렸다. 그래도 즐겁게 노래를 부르며 갔더니 정말 빨리 가지는 것 같았다. 그렇게 가다가 보니 아이들이 노는 분수대가 보여 선생님이 등목을 하셨고 우리는 칠곡보 500미터 전 지점에서 편의점에 들어가 음료수와 과자를 사 먹으며 땀을 식혔다.

그렇게 또 가다가 수도꼭지가 보이면 등목을 했다. 우리는 선생님 권유(?)에 따라 노팬티였지만 정모형은 에스팬티라 등목을 하지 않았다. 그런데 가다보니 동준이가 물통을 편의점에 두고 와서 동준이는 물통을 쓰지 못했다.

그렇게 달려서 우리는 강정고령보에 도착했다. 강정고령보에서 5학년짜리 여자친구를 만났는데 그 친구는 1학년때부터 아빠를 따라 등산도 가고 자전거도 탔다고 했다. 그래서 인지 정말 잘 타는 것 같았다.

그렇게 강정고령보에서 사진을 찍고 다시 달리는데 내 가방이 자꾸 자전거 바퀴에 끼는 바람에 동준이가 내 가방을 자기 자전거에 달아주었다. 나는 편했지만 동준이는 많이 불편해 보였다. 그런데도 동준이는 잘 달려서 나를 앞질렀다. 달성보에 나보다 먼저 도착해 나를 기다려 주었다.

1. 낙단보 인증센터에서 성우
2. 구미보 자전거 인증센터 앞에서 성우
3. 칠곡보 인증센터에서 성우
4. 강정고령보 인증센터에서 성우

난 동준이보다 5분 후에 도착했지만 선생님과 전도사님은 30분이나 늦게 도착하셨다. 우리는 도장을 찍고 숙소를 찾아 들어가 샤워를 하고 옆에 있는 식당으로 가 갈비탕을 먹었다. 그리고 매점에서 아이스크림도 먹었다.

오늘 온 거리를 계산해 보니 113킬로미터를 달렸다. 정말 대단하다. 내일도 파이팅.

말섬보 인증샌터에 도착한 성우

다시 한 번 최고 기록을 세운 날

20150728 Tuesday
조동준

날씨 : 매우 뜨겁게 더운 날.

오늘 아침에는 상주보에 있는 자전거 민박집에서 눈을 떴다. 이불을 정리하고 아침밥을 먹으러 갔다. 아침밥을 먹고 자전거를 닦은 다음 화장실에서 볼일을 보고 뜨거운 태양빛을 받으며 여섯째 날 라이딩을 시작했다. 식당, 민박집 주인아주머니가 정말 친절하게 대해 주셔서 기분이 좋았다.

뜨거운 햇빛을 받으며 라이딩을 하니 땀이 뻘뻘 흘렀다. 상주보에서 시작해 오늘 비도 안 오고 쨍쨍해서 최고 기록 한번 세워 보자는 각오로 달렸다. 정말 세울 줄은 몰랐지만 말이다.

햇빛이 인도해 주는 길을 따라 가니 100m쯤의 다리를 건너서 나오는 낙단보 인증센터에 다다르게 되었다. 인증센터에서 도장을 찍고 사진을 찍었다.

그곳에서 어떤 아저씨 한분을 만났는데 아저씨가 화장실을 가고 싶다고 하셨다. 그래서 화장실 가는 길을 알려 드리고 나는 언덕을 댄싱을 해서 올라갔다. 오르막이 있으면 내리막도 있는 법. 내리막길을 내려가면서 매번 느끼는 쾌감이 오늘도 느껴졌다.

그 다음은 구미보로 가는 길이다.

도착하여 자판기가 있어서 물을 채웠다 가기로 했다. 이왕 쉴 겸 더위 먹으면 안 되니깐 화장실에서 등목을 하고 가기로 했다. 자판기에서 포카리스웨트와 물을 사고 수분 충전을 했다. 물병에 물을 채우고 화장실에서 윗옷을 벗고 화장실에 있는 수도꼭지에서 등목을 했다. 확실히 등목을 하니 더위를 먹지는 않겠다.

시원하게 등목을 하고 구미보를 떠나니 이어지는 길은 우리를 칠곡보로 인도했다.

1. 낙단보 인증센터에 도착한 동준이
2. 구미보 인증센터에서 동준이
3. 칠곡보 인증센터에서 동준이

노래를 듣고 달리는데 민수의 패니어가 타이어에 걸려서 잠깐 멈추었다. 패니어를 뒤에 달고 달리기로 하고 다시 나는 노래를 들으며 갔다.

나중에 알고 보니 앞쪽 패니어 짐받이 사이에 칸막이가 있으면 패니어 보다 길이가 길고, 칸막이가 없으면 패니어 보다 길이가 짧아서 패니어가 타이어 쪽으로 들어가 덜컹거리는 거였다. 아, 그렇구나!

다시 햇빛을 받으며 쭉 달리니 분수가 몇 개 있었다. 밑의 구멍에서 분수가 나오는 그런 분수였다. 몸을 적시고 더위를 던져버리고 가려고 했는데 분수는 다시 나오는 시간이 길어서 10분정도 쉬다가 다시 두 번째 인증센터로 향했다.

어떻게 우리가 딱 가자마자 분수가 멈출 수가 있을까? 정말 분수가 신기할 따름이였다. 우리가 가는 곳은 곳곳마다 '머피의 법칙'이 성립하는 것 같다. 머피의 법칙이란 항상 일이 꼬이는 법칙이다.

아쉬운 분수를 뒤로 하고 세 번째 인증센터에서 도장과 사진을 찍었다.

옆의 매점에서 음료수와 과자를 사서 먹고 벤치에 앉아서 조금 쉬었다. 과자와 음료수를 먹고 쉬고 있는데 승제 형이 도장을 다시 찍어 준다고 하였다. 사실 나는 도장 운이 하나도 없다. 항상 겉의 테두리만 찍히고 정 가운데(중앙)이 잘 찍혀지지 않는다. 인정을 안 해 줄까봐 가운데를 집중적으로 인주를 묻히고 30초 동안 눌렀는데

데도 가운데가 찍히지 않는다. 그래서 도장을 정말 잘 찍는 승제 형에게 부탁을 한 것이다.

편의점에서 간단히 요기를 하고 남은 건 비닐봉지로 싸서 가져갔다. 다시 길을 따라 가보니 뜨거운 햇빛을 받고 있는 수도꼭지를 하나 발견했다. 승엽이 형이 일행을 멈추게 하고 다시 한 번 등목을 하기로 했다. 등목을 하는데 전도사님은 물이 나오는 곳을 반만 막아 멀리, 세게 휘날리는 것을 좋아하신다. 세게 맞으면서 얼굴 맞는거 참기 게임도 하고 등목도 했다. 수도꼭지 위에 올라가서 오줌을 싸는 포즈를 취했다.

여러 사진과 동영상을 찍고 더운 햇빛 아래 더위와 옷의 물기를 날려버리며 라이딩을 시작했다. 지금까지 70㎞ 달렸으니 오늘 잘하면 최고기록을 세울 수도 있겠다.

여러 언덕과 숲을 지나다보니 네 번째 인증센터에 도착하게 되었다. 그런데 성우 자전거도 패니어가 타이어에 닿았다. 민수는 뒤에 슈퍼 투어리스트를 달아서 뒤에 달면 되지만 성우는 슈퍼 투어리스트가 없었다. 그래서 패니어를 내 자전거 짐받이에 고정하고 내가 들기로 했다 이제 나는 짐 4개를 달았으니 여행자에 대한 기본을 연습하는 셈이였다.

근처 매점에서 요기를 하고 가려고 하는데 5학년 딸과 아버지가 국도 종단을 하고 있는 것을 보았다. 정말 신기하고 멋져 보였다.

나도 잘 타고 싶다.

다시 인증센터를 향해 달렸는데 짐을 4개나 들어서 조금 무거웠다. 그래도 힘을 내서 마지막 인증센터에 도착해 도장과 사진을 찍었다. 속도계를 보니 우와! 113km다! 오늘 처음으로 100km를 넘고 최고 기록을 세웠다. 기분이 좋아져 숙소까지 전력을 다해 짐 4개를 끌고 달렸다. 다행히 다리는 무리가 없었다.

오늘 우리의 보금자리는 엘레강스 모텔이었다. 아늑하고 좋아보였다. 올라가서 씻고 저녁을 먹었다. 현풍곰탕집이란 집인데 국이 정말 맛있다.

맛있게 저녁을 먹고 이제 잠자리에 들려 한다. 내일 다리가 아프지 않기를 기도한다.

모두 파이팅!

1. 물놀이 하는 아이들
2. 강정고령보 인증센터에서 동준이
3. 달성보 인증센터에 도착한 동준이

첫 100km 달성!

20150728 Tuesday
강민수

우리는 6시쯤에 일어나 들꽃 뷔페에서 맛있는 아침을 먹고 출발 준비를 하였다. 식당 아주머니가 사탕을 주셨다.

상주보에서 출발을 했다. 오늘 우리 목표는 150km이었다.

18km정도 가니 낙단보가 보였다. 낙단보에서 인증을 하려고 했는데, 다리를 지나면서 못보고 다시 다리로 돌아 왔다.

다리를 바로 건너니 인증센터가 나왔다. 뒤에서 어떤 아저씨들이 화장실을 가고 있었는데 같은 길인지 알고 따라 갈 뻔했다. 다행히 성우가 반대쪽 길이라고 하여서 고생 안하고 찾아갔다.

구미보로 가는데 언덕이 있었지만 가볍게 올라가 인증센터에서 도장을 찍었다.

  날씨가 너무 더워서 자판기에서 물을 사 먹으려고 하는데 물이 없어 음료수를 뽑아 먹었다. 더 목이 마르다. 쌤이 화장실에서 등목을 하자 해서 다같이 가서 등목을 하고 나니 너무 시원해서 날아 갈 거 같았지만 몇 분 지나니 다시 더워졌다.

  다시 칠곡보로 가는데 앞으로 35km가 남았다. 내 자전거 앞에 패니어가 계속 바퀴에 걸려서 다시 패니어를 뒤로 뺐다. 이 날씨에 달리는 건 고문과 같았다. 너무 힘들고 지친다. 그래도 참고 계속 달리다 보니 칠곡보가 500m남았다. 가다 보니 분수가 있었다. 우리가 갔을 때 마침 분수대가 10분 쉬는 시간이어서 쌤이 기다리지 말고 그냥 칠곡보로 가서 인증 도장을 찍고 쉬자고 하셨다.

  우리는 칠곡보로 가서 도장을 찍고 옆에 있는 편의점에서 쉬었다. 이제 앞으로 36km를 더 가면 된다. 우선 강정 고령보에 가야 되서 다시 출발을 했다. 몇 시간을 달리니 강정 고령보에 도착을 했다.

1. 낙단보 인증센터에서 민수
2. 구미보 인증센터에서 민수
3. 칠곡보 인증센터에서 민수
4. 강정고령보에 도착한 민수

달성보에 도착한 민수

　성우 패니어도 뒤 바퀴에 닿아서 동준이 자전거 뒤쪽에 성우 가방을 달았다. 승엽이 형과 승제형이 아이스크림을 사가지고 와서 시원하게 먹고 달렸다. 이제 우리의 목표인 달성보에 도착했다. 달성보에 도착하기전 다리에서 승엽이 형이 길을 잃어버려서 내가 선두에 섰다. 선두 주자가 이렇게 힘든걸 처음 알았다. 체력 소모가 너무 커서 뒤로 가고 싶었다.

　승엽이 형이 뒤로 오지 말라고 해서 계속 선두로 달렸다. 갑자기 뒤에서 동준이와 승제형이 달려라 하니에 내 이름을 붙여서 불렀다. 노래를 들으니 갑자기 힘이 난다, 웃으면서 신나게 달렸다.

　갑자기 뒤에서 승제형이 추월을 했다. 나는 물을 먹으면서 속력을 줄였다. 그러더니 동준이와 정모형 승엽이 형이 나를 추월해서 달린다. 승엽이 형을 추월하려고 미친 듯이 달렸지만 거리차이가 많이 나서 추월을 못하고 인증센터에 도착을 했다.

　나는 다리가 너무 아파서 인증센터에서 쉬고 있었다. 전도사님, 쌤, 성우가 1km정도 뒤쳐져서 늦게 도착했다. 해가 지는 것을 사진으로 찍고 터미널 쪽으로 가서 숙소를 찾기로 하였다.

　숙소를 찾아서 짐을 놔두고 샤워를 했다. 옷을 갈아 입으려고 하는데 옷에서 썩은 냄새가 난다. 손빨래를 직접 하고 말려서 입었다.

옆방에 형들과 전도사님들도 샤워를 다해서 밥을 먹으러 갔다. 저녁으로 된장찌개를 맛있게 먹고 편의점에서 간식을 사서 숙소로 들어갔다. 과자를 몇 개 먹고 우리는 바로 잠들었다.

매우 힘든 하루였지만 100km를 넘어서 매우 기뻤다.

주행거리 - 113km

총주행거리 455km

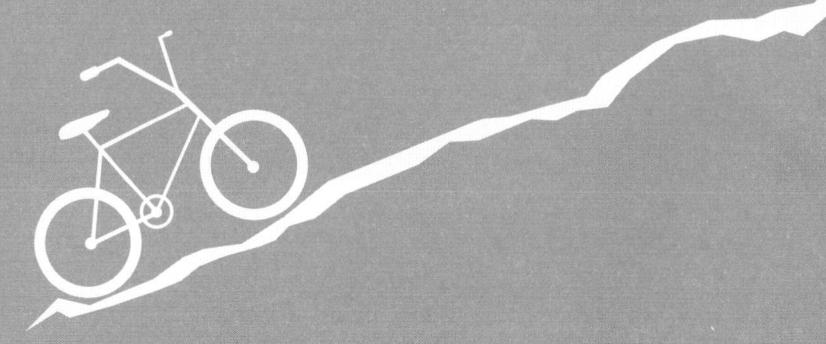

배우지 않으면 몰라서 못 합니다.
배우면 할 수 있는 능력이 생겨 자기 스스로 하게 됩니다.

2015년 7월 29일 수요일, 일곱째 날

자전거 국토종단
7일째 시작

20150729 Wednesday
김길환 선생님

지도를 보니 오늘 지나야 할 구간은 큰 언덕 4개가 있다고 한 곳이다. 이곳을 오늘 잘 넘고 나면 잘하면 내일까지는 낙동강을 찍고 끝낼 수도 있겠다. 그래서 전부터 생각한 것을 아침식사를 하며 얘기한다.

"낙동강을 끝내면 바로 배타고 제주로 넘어가는 것을 계획중이다"
동준, 성우, 민수 중 한 명만 간다하면 이야기는 계속 이어지게 되는 것이다. 4대강을 다 완주한 후, 뒷 이야기가 제주로 이어지는 것이다. 아이들 어머님들께 카톡방으로 가능할 상황인지, 어찌되는지 여쭈었다.

앞으로 나오게 되는 4개의 큰 언덕. 이 언덕을 피해서 돌아가는 길이 있다고 한다. 지도를 보니 박석진교에서 다리를 건너 남쪽 길을 타지 말고, 북쪽 자전거 길을 타면 첫 번째 언덕인 다람재와 두 번째 언덕인 무심사 언덕을 넘지 않고도 갈 수가 있다.(그 대신 도동서원, 이노정, 쌍용한식뷔페는 못 만난다.)

 3번째 4번째 언덕도 피할 길은 있네. 적포교에서 남쪽으로 건너 79번 국도를 타고 남지읍을 지나 계성천 주변의 도로를 찾아 가면 된다. 4개의 언덕 중 두 개는 우회하는 길이 있다고 동네 사람들도 나서서 알려준다

 나는 처음 가는 길이니 자전거 도로를 깔아놓은대로 가고자 한다. 4대강 자전거 도로를 그곳에 깔아놓은 의도가 있으니 그 길을 달리며 아이들에게 대한민국의 곳곳을 보며 느끼게 해 주려는 의도이다. 그러나 내 생각은 언덕을 두 개째 오르면서 달라졌다. 관계자분들이 위치를 잡아 잘 코스를 정했지만, 이 심한 언덕을 오르며 경치를 즐길 수 있을 자전거 라이더가 과연 몇이나 될는지…

 첫 번째 큰 언덕 '다람재'를 넘는다.
 멀리서부터 산을 가로 질러 세워놓은 전신주가 보인다. 바로 이 언덕에 산을 휘감고 도로를 깔아 놓았다는 것을 보여주는 것이다. 막상 가보니 경사도는 더욱 심하다. 땀 뻘뻘 흘리며 자전거는 끌고 간다. 정상에 오르니 정자 하나가 있고 '다람재'라 새겨져 있는 바위가

있다.

이제 하나 되었네. 얼른 2개 째로 출발~ 했는데, 갑자기 성우의 자전거 체인이 툭 끊어져 풀어져 바닥에 떨어진다. 먼저 내려가는 일행들에게 "스톱~!@!"을 외쳤지만 이미 승제를 빼고는 승엽이팀은 다 내려갔다.

성우는 바닥에 떨어진 체인을 자갈모래위로 그냥 끌고 온다.

"그렇게 하면 체인에 모래가 붙어 문제가 생기니 절대 그러지 마라."고 했다

체인을 보니 체인의 연결을 시켜주는 부위가 벌어져 한쪽이 없다. 자전거를 타면서 기어 바꿀 때는 스프라켓과 체인에서 '딱 딱' 소리가 안나게 해야 체인과 스프라켓이 손상이 없다고 그렇게 얘기했는데 성우가 신경 안쓰고 타더니 새 자전거의 체인이 여행 7일째 만에 끊어져 버렸네.

1. 다림재 언덕을 힘겹게 오르고 있다.
2. 다림재 언덕 위에서

이걸 다시 연결시키는데 거의 90분의 시간을 잡아먹었네. 체인툴 공구를 제대로 된 것을 구해야겠다는 생각뿐이네. 여기서 이걸 끼우느라 오전 시간을 다 날려버렸다.

내리막을 내려와 바로 만난 '도동서원'. 이곳에는 엄청나게 큰 은행나무가 하나 있는데 가서 보니까 400년이 넘은 것이다. 체인 끼우느라 시간을 안 썼다면 혹 이곳 서원을 아이들에게 구경시킬 수도 있었을까?

1. 끊어진 체인을 다시 연결시키고 있다.
2. 도동서원의 400년된 은행나무

근처에 바로 수돗가와 화장실이 있어 온몸을 또 물로 적시고 열을 낮추고 달린다. 역시 편의시설 하나 없는 곳을 지나고 있다. 날이 뜨거우니 몇 분 지나지 않아 옷은 다 마른다. 거기에 굴곡진 언덕도 자주 나와서 금방 기력이 딸린다.

일행들의 뒤를 따르며 언덕 작은 것 하나 올랐더니 모두들 힘겨워 멈춰 있길래 같이 멈춰있다가 뒤를 잠깐 보니 운치있는 황토벽 기와집이 있다. 이 건물이 달성군의 '이노정' 이다.

그 옆을 보니 '오홋~' 수돗가가 하나 보인다.

'가서 또 물을 적셔야지~'

이집 대문이 열려 있어 누가 계신가 불러봐도 아무 응답이 없어. 목도 마르겠다 수도를 틀어 살짝 마셔보니 물맛도 괜찮다. 물도 부족하기에 채우고 애들도 와서 샤워를 하게 만든다.

이노정에서 온몸에 물을 적시는 아이들

열을 식히고 또 달리는데 바로 왼편에 한식뷔페 간판이 보인다. 시간도 오후 1시인지라 잘되었다 싶어 들어갔는데, 이곳의 음식이 너무 좋고 주인아주머니도 친절하시니 정보를 안 남겨놓을 수가 없네. 달성보와 합천창녕보 사이에 있는 구지면에 있는 쌍용한식뷔페집이다.(053-614-8682. 010-8919-8682)

자전거 여행자분들은 언제든 들러서 무료로 시원하게 식혜를 제공해 줄테니 많이 소개해 달라고 하신다. 직접 만드신 식혜 맛이 정말 일품이다. 우리에게 얼음물도 채워주시고 식혜도 2리터 통에 담아 가면서 마시라고 주신다. 적절한 위치에 아주 좋은 오아시스 같은 곳을 찾았구나.

자 밥도 잘 먹고 몸도 쉬었겠다. 이제 두 번째 큰 언덕인 '무심사' 언덕으로 가자. 가다보니 자전거 우회도로가 아예 바닥과 표지판에 있다. 그래도 첫주행길이니 돌아가지 말고 '무심사' 로 가야지.

멀리서부터 들리는 염불 외는 소리와 함께 기암절벽에 산과 강을 끼고 달리는 일행들의 모습이 무협영화의 한 장면 같은 느낌으로 다가온다.

무심사 언덕도 정말 심하다. 그리고 포장도로도 아닌 곳이 걸쳐 있어 더욱 가기 힘들다. 새재길의 22% 언덕에 뒤질세라 상당히 가파른 기세를 보여준다. 다행인 것은 수돗가가 있어 씻을 수가 있고, 화장실도 있고 무료숙박도 가능한 방이 있다는 거다.

무심사 뒷편 언덕이 흙길이라 짜증나지만 이 뒷산 길을 따라가며 보이는 강줄기의 흐름은 이 곳에 자전거길을 만든 관계자들의 의도를 알 수 있게 한다. 굽이굽이 흐르는 강물의 모습이 도화지에 그림을 그려놓은 듯 실감나게 펼쳐져 보인다.

이렇게 보이는 풍광 자체가 우리 대한민국의 모습 중 하나다. 그곳에 팔각정 하나가 있어 일행들과 함께 다 쉬는데 어디서 큰 쇠파리 한 마리가 내 다리를 무네. 쇠파리는 호주에서나 있는 것으로 알고 있었는데, 어디서 이런 놈이 나타나나 싶어 얼른 떠나자고 했다. 심한 아스팔트 내리막 도로를 내려가다보니 소를 키우는 한우 목장이 있네. 아하 이곳에서 소를 사육하니 이 지역에 이런 쇠파리가 날아다니는가 싶구나.

다 내려오니 정모와 승제가 실랑이를 하는데 이유인즉 승제가 내리막에서 정모를 앞지르는데 정모가 그러지 말라고 했다고 서로 실랑이구나. 내리막은 절대 내가 앞지르기 하지 말라고 했다. 앞 사람이 느리게 가더라도 앞지르기를 하면 본인은 그곳으로 간다 해도 이미 가고 있던 사람은 앞에 도로가 상황이 안 좋거나 뭔가 문제가 생길 때 피할 공간이 없어 그대로 사고로 이어지기에 절대 내리막에서는 앞지르기를 하지 말라고 했다.

합천창녕보 인증센터에 도착.

편의점이 있어 휴식하며 물을 채운다. 이곳에서 성우와 동준이의 물통을 대신 할 수 있는 것을 사서 쓰도록 한다.

 편의점 아저씨는 '적포교삼거리'에 가면 물을 또 채울 수 있고, 다음 '남지철교'쪽에 가면 모텔, 사우나, 은행 등도 있다고 한다. 그래, 오늘은 그곳을 목표로 남은 두 개의 언덕을 넘고자 한다. 시간은 오후 4시가 되었기에 조금 기온도 수그러든 듯하니, 얼른 가 보자.

 적포교 삼거리에 이르기 전 동준이 자전거의 체인이 빠져버렸네. 그걸 끼우고 가니 일행들은 적포교 삼거리의 매점에서 쉬고 있다. 내가 땀을 뻘뻘 흘리며 서 있으니 미용실 안에서 한 할머님이 나오셔서 내게 수건을 주시며 "이걸로 땀을 닦아요, 그리고 안쪽에 수돗가도 있으니 가서 씻어도 되요." 하시며 집 안쪽의 길을 알려주신다. 너무 감사했다.

 3번째 언덕을 넘기 위해 달리고 있다. 그런데 성우가 앞뒤 가방 4개를 달고 달리니 속도가 무한히 처지기 시작한다. 결국 다시 동준이의 프론트랙을 떼어서 성우 자전거에 장착하도록 한다.

 이곳 자전거 도로의 산과 강의 풍경이 호주의 그레이트 오션로드의 절벽도로와 흡사해서 놀랐다. 어떻게 이런 지형의 비슷함이 바다가 아닌데도 나타날 수 있는 것인지…

 3번째 언덕은 '구름재' 라고 한다. 도로는 그래도 잘 포장된 언덕구간인지라 느긋하게 걸어서 세 번째 언덕을 오른다.

언덕 오르며 보니 양쪽 벽에 씌여진 낙서글들이 많이 있다. 어떤 글은 자전거를 버리고 싶다고 나온다. 만만한 자전거로 섣불리 국토종주를 도전했다가 자전거로 인해 생고생을 하면 그런 맘이 들 수 밖에 없을 것이다. 정성들여 소중하게 장만한 자전거로 여행을 왔는데도 버리고 싶은 마음이 들 정도의 고생이라면, 정말 추천해볼만한 여행이지 않을까.

언덕을 다 오른 후 "이제 날이 어두워 졌으니 후미등과 라이트를 켜고, 내리막은 안전거리를 꼭 유지하고 가야된다."고 확실히 당부해두고 한 명씩 보낸다.

마지막 남아있는 4번째 언덕. 이곳은 넘기에는 이미 너무 어두워졌다. 그래도 안 갈 수는 없는 상황이다. 결국 내가 헤드랜턴을 머리에 쓰고 라이딩을 하게 되는군. 이 제품까지 쓰게 될 여행은 아니길 바랬는데 결국 야간 라이딩 때 이걸 쓰게 되는구나.

1. 무심사를 가로지르고 있다.
2. 소를 키우는 한우 목장
3. 합천창녕보 인증센터에 도착하다.

주변은 어둡지만 그런대로 도로를 보면서 어둠을 헤치며 잘 가는데 갑자기 성우가 넘어져 버렸네.

왜 그랬나 물어보니, 도로를 벗어나 난간 옆의 흙길을 두 번 연속 밟으며 넘어져 버린 것이다.

주변에 가로등이 하나 보이길래 그 밑에서 성우의 프론트랙의 볼트가 빠진 것을 다시 조이는데 나사선이 헛돌기 시작한다. 어찌할까 고민하다가 몇 일전 문경에서 아버지와 딸이 챙겨주신 캐이블 타이로 구멍에 넣어 고정을 시켜보는데 약간의 효과가 있긴 하다. 캐이블 타이가 여러모로 많이 쓰이는 여행이로군.

성우의 자전거를 정비하고 있는데 저쪽 어둠속에서 한 남자가 자전거를 타고 홀로 왔다. 그는 "혼자 이 언덕을 넘기 무서웠는데 다행이네요. 같이 가면 안될까요?" 라고 하기에 같이 동행하기로 한다.

한 마을을 끼고 구릉을 타고 오르며 이제 마지막 4번째 언덕이 시작된다. 경사가 아주 높아 걸어서 올라간다. 언덕을 오르며 밑을 보니 아까 지나온 마을이 보인다. '저곳에 혹시 숙소가 있었다면 우리가 쉬었다 가게 될까?' 하는 생각을 그냥 무심히 해본다.

어둠 속에 산길을 달빛을 받으며 간다. 이런 경험도 소중하기에 아이들에게 라이트를 끄고 달빛에 의지해서 걷게 해 본다. 달빛이 밝아 도로와 나무를 훤히 비추어준다. 밤 9시 30분인데도 이렇게까지 밝다니.

아주 멋진 야간 산타기네. 이렇게 걸으며 밤에 산을 넘으니, 그 옛

날에 야밤에 산을 넘다가 구미호도 만나고, 산짐승에게 해를 당한 이야기들이 떠올라 아이들에게 얘기도 해주었다.

정상인 듯한 곳에서 일행들이 기다리고 있기에 사진도 함께 찍었다. 다시 만난 일행들의 이야기를 들어보니, 승엽이와 승제는 또 열심히 먼저 달려 올라가 버렸고, 함께 동행했던 그 남자는 정상에 오르자 먼저 가버렸고, 전도사님 혼자 동떨어져 먼저 올라가 버린 승엽이, 승제를 따라가기 힘들어서 주변의 팔각정이 하나 있길래 그곳에서 우리가 오기를 기다리는데, 우리야 하염없이 달빛에 의지해서 걸어가고 있었으니… … 아무리 기다려도 우리는 오지를 않고 하니 슬슬 소름이 돋기 시작하셨다네. 그래서 얼른 자전거 타고 앞의 일행을 따라가셨다고 한다.

그 이야기를 듣고 나서 나는 이 고개길에 관한 전설의 고향 같은 스토리가 생각나서 애들에게 이야기해 주었다. 그것은 밤에 이 고개길을 넘으려 하면, 한 남자가 동행을 청한다는 것. 그리고 동행하여 정상에 오르면 먼저 사라져 버린다는 것이다.

1. 구름재쉼터에서
2. 야간 라이딩 중
3. 달빛에 의지해 산을 넘어가고 있다.

그러니 이 고개길은 밤에 넘어서는 절대 안 된다는 것이다. 왜냐하면 어떤 날은 그냥 아무 탈 없이 남자가 떠나지만, 어떤 날은 정상에 오르면 함께 오른 남자는... ...(뒷이야기는 전설의 고향~~)

여행을 하던 중에 야간 주행을 그렇게 하자고 그랬으니 오늘 해보았는데, 이 내리막에서도 아이들은 자전거를 타기를 원했으나 나는 끌고 내려가도록 하였다. 성우가 평지에서도 피곤해 넘어질 지경인데, 이 어둠속을 라이트도 제대로 밝은 것 없이 자전거를 타고 내려가게 할 수는 없는 것이지. 끌고 걸어서 가는게 힘겹지만 안전이 최우선이다.

그렇게 4번째 언덕도 끝냈다. 먼저 내려온 전도사님과 승엽이,승제는 앉아서 잘 쉬고 있다. 그런데 이제 다 끝날 줄 알았는데 작은 언덕이 또 시작되네. 다행히 그것을 넘으니 이제 더 이상 언덕은 없고 평탄한 도로가 시작되었다.

저 멀리 모텔의 네온사인이 보인다. 그 불빛이 그렇게 반가울 수가 없지. 그런데 길을 뱅뱅 도는 듯 하며 제대로 가는건지 불안해 하는 아이들에게 염려말고 가면 된다하며, 자전거 도로를 따라 창녕군 '남지철교'가 표시된 곳까지 왔다.

공원바닥에 불빛이 나와 자전거길을 밝혀준다. 제대로 가는지 확인도 할겸 퀵보드 타고 오는 두 청년에게 주변의 숙소를 물어 위치를 파악한다. 정보를 얻고 보니 아까 잘 보이던 네온 가득한 모텔을 찾으려면 '남지철교'를 건너지 말고 좌측으로 꺽어서 마을로 들어서야 한다. 마을로 진입하니 모텔이 여러 개 있고 편의점도 잘되어 있어 쉬기가 좋은 곳이다. 모텔을 정해서 숙소에 들어선 시간이 저녁 11시 30분이다. 성우는 씻지도 않고 낮에 입었던 옷을 입고 침대에 그대로 뻗어 잠들고... ... 저녁으로는 닭을 시켜서 동준이와 민수는 먹고 일기를 열심히 쓰고 잠들었다.

야간 라이딩에 산길까지 무사히 잘 했다. 오늘 라이딩은 4개의 언덕을 넘는 것으로 정리되었네. 이제 앞으로 **낙동강 하구둑**까지 100km 정도 남았다.

오늘 달린 거리는 79.15km 이고,

여지껏 달린 국토종단 총주행거리는 549.45km 이다.

오늘 달린 구간은 현풍 엘레강스 모텔 - 다람재 언덕 - 도동서원 - 이노정 흙집 - 쌍용한식뷔페 - 무심사 언덕 - 23. **합천창녕보** 인증센터 - 적포교 삼거리(할머님 수건 주심) - 낙서면 3번째 언덕 구름재 - 창녕군 4번째 언덕 - 창녕 남지철교 마을 모텔(러브홀릭) 이다.

● 먹거리 - 구지면의 '쌍용한신뷔페'. **합천창녕보** 인증센터 편의점.

　　　　'적포교' 삼거리 매점. '창녕 남지철교' 마을 편의점

● 화장실 - '도동서원' 밖 화장실. '쌍용한식뷔페' 화장실.

　　　　합천창녕보 인증센터 화장실

● 잠자리 - '적포교 삼거리' 주변 모텔.

　　　　'창녕 남지철교' 주변 모텔들 많음.

● 자전거샵 - 창녕 남지철교 주변(남지마을)에 작은 자전거 가게 하나 있음.

자전거 국토종단 7일째 끝 (150729 Wed.)

달빛의 힘을 받은 날

20150729 Wednesday
조동준

날씨: 약간 선선했다.

야간 라이딩이란 정말 위험한 것이다. 아무런 장비 없이는 꿈도 못 꿀 일이다. 그러나 준비를 하고 힘든 야간 라이딩을 하면 달빛에 의지해 달리는 이 기분은 정말 좋다. 그래서 야간 라이딩이란 정말 위험하면서도 멋진 일이다.

이 말을 갑자기 하는 이유는 무엇일까? 당연히 오늘 야간 라이딩을 했기 때문이다. 오늘의 아침! 오늘 엘레강스에서의 기상시간은 7시였다.

오늘은 좀 늦게 일어났네.. 후다닥 출발 준비를 하고 어제 저녁을 먹은 식당에서 아침을 먹게 되었다. 메뉴는 된장찌개! 양푼 비빔밥과 함께 먹으니 더욱 더 맛있었다. 맛있는 된장찌개 양푼비빔밥을 먹고 다시 출발 준비를 했다.

로비에 가보니 큰 개 두 마리가 있었다. 짖을 줄 알았는데 애교를 부려서 머리와 몸을 몇 번 쓰다듬어 주었다.

드디어, 7일째 라이딩이 시작되었다. 밥을 든든히 먹으니 정말 달릴 맛이 난다. 덥지만 않으면 말이다.

좌회전 차선을 받아 언덕을 올라갔다. 물론 오늘도 짐은 4개이다. 성우가 앞의 짐받이가 패니어와 길이가 맞지 않기 때문이다. 선생님 말씀에 의하면 탈 때 짐, 패니어가 2개이든 4개이든 별 차이는 없다고 하시는데 나는 그렇지 않나보다.

참, 그리고 빠진 것이 있는데 나는 칠곡보에서 물병을 잃어 버렸다. 그래서 포카리스웨트 빈병을 잃어버린 물병으로 대신 쓰고 있다.

우리는 오늘 언덕 4개를 건너야 한다. 사람들은 각자 이화령을 기준으로 이화령보다 쉽다는 사람도 있었고 이화령보다 어렵다는 사람들도 있었다.

길을 따라 달리는데 어떤 아저씨가 오늘 자전거 길을 편하게 갈 수 있는 법을 알려 주신다고 잠깐 멈추라고 했다. 승엽이 형에게 막 설명해 주었는데 대충 언덕 지나지 말고 쉬운 길로 가라는 것이었다. 그러나 선생님은 그렇게 갈 리가 없었다. 길환 쌤은 책을 만든다고 하시면서 원래 오리지널 코스로 달린다고 하셨다.

다시 달리니 첫 번째 언덕 다람재가 나왔다. 밑에서 속력을 받고 올라오려는데 역시 짐이 4개여서 무리였다. 잠깐 올라왔다 다시 내려가서 탄력을 받으며 올라왔는데 실패했다. 선생님은 그게 가능할 거 갔냐며 끌고 가라고 하셨다. 그래서 할 수 없이 짐 4개가 달린 메리다 미니벨로를 언덕에 끌고 올라갔다.

땀을 세수하듯 쏟아내며 자전거를 끌고 올라왔다. 그까짓 것을 끌고 오냐는 사람들도 있을 텐데, 걷는 것 역시 타는 것만큼 힘들다. 뜨거운 태양 아래 자전거를 언덕 위로 끌어 올리는 것은 정말 힘든 일이다.

드디어 정상 도착! 신나게 내리막길을 내려가려고 하는데 이게 웬일! 성우의 체인이 끊겨버렸네! 빠진 것도 아니고 끊어진 것이어서 선생님은 정말 땀으로 세수를 하셨다. 땀이 세수에서 샤워로 바뀔 때까지 우리들은 근처 정자에서 음악을 들으며 잤다. 대략 90분 정도가 흐른 뒤에 다시 성우의 자전거가 원상복귀가 되었다.

이제 신나게 내리막길을 달려보자! 신나게 달리다 보니 먼저 내려가는 정모 형, 승엽이 형, 전도사님이 보였다.

다람재에서 두 번째 산 무심사까지 다시 우리는 달리기 시작했다. 나중에 다람재를 넘으면 꼭 근처의 오래된 나무(대략 400년 정도)에서 사진들 찍으시길!

도동서원의 400년 넘은 은행나무 앞에서

다시 가다보니 이노정이 나왔다. 이노정이란 두 명의 늙은 정자라는 뜻이다. 물이 나오길래 더위도 식힐 겸 샤워나 한번 했다. 물론 옷은 입고 말이다. 시원하게 등목을 했으니 이제 무심사를 넘어가자!

잠깐, 그전에 밥부터 먹고 가야지, 식당의 이름은 쌍용 한식 뷔페이다. 정말 맛있어서 다람재 건너고 무심사 건널 때 꼭 들리시기 바랍니다.

시원한 공기에서 맛있는 밥을 먹으니 정말 탈 맛이 났다. 식당 아주머니와 사진도 찍었다. 나는 개인적으로 매실이 제일 맛있는 것 같다. 맛있는 점심을 먹고 이제 정말로 무심사를 건너러 갔다. 무심사는 다람재보다 더 힘들다던데... 짐 4개 달고 달릴 수 있을까? 아니, 끌 수 있을까? 시도는 한번 해보아야지!

드디어 무심사 도착! 사람들 말대로 무심사는 다람재보다 훨씬 어려웠다. 경사가 매우 급해서 승제, 승엽이 형처럼 다리가 타고나지 않은 이상 올라가기는 매우 힘들다. 승제 형은 어떻게 한번을 쉬지 않고 달릴 수 있을까?

쌍용한식뷔페에서 맛있는 식사 전 기도

그건 나중에 생각하기로 하고 물 수도꼭지가 있어서 머리를 한번 감고 올라갔다. 시원했다.

그러나 흘러내리는 시원한 물방울은 곧 땀으로 바뀌고 등은 햇빛에 익어갔다. 땀을 뻘뻘 흘리며 무심사를 건넜다! 우와, 정말 다행이였다.

여기서부턴 성우와 자전거를 바꾸어 탔다. 그러던 도중 세 번째 언덕 구름재가 나왔다. 나는 성우 자전거를 타며 별로 안 힘들게 올라왔는데(성우에 비해) 성우는 정말 힘든 표정이였다. 이제 내 심정을 깨닫게 되는군. 구름재 정상에서 사진을 찍고 신나는 내리막길을 탔다. 그리고 그때 오늘의 하이라이트 야간 주행을 하기로 약속했다. 내리막길을 내려오니 쭉 길게 이어지는 평지가 나왔다. 그리고 아까 성우가 너무 힘들어 해서 우리 둘의 앞 짐받이를 바꾸고 나는 뒤에 짐을 싣고 달렸다.

달리다 보니 편의점이 하나 나왔다. 정말 시원하고 좋았다. 맛있게 음료수와 아이스크림을 먹고 그때부터 승엽이 형과 자전거를 바꾸어 탔다. 솔직히 승엽이 형 자전거는 고물인데 어떻게 이리 잘 달릴까? 아마도 체력이 커버해 주기 때문일 것이다.

그런데 내가 타니 승엽이 형의 체력이 커버해 준 모든 것이 문제를 일으켜서 시간이 좀 지체 되었다.(동준이가 왜 이리 속도가 안나는지 자전거를 체크해 보니 승엽이는 브레이크 고무패드가 앞바퀴 림에 닿은 체 달리고 있었던 것이다.)

그래도 계속 시간을 아끼며 달리니 네 번째 언덕이 나왔다. 이때부터는 야간이어서 이름은 잘 모르겠다. 근데 달빛을 보며 걸으니 정말 이곳에 오길 잘했구나 하는 기대감과 희열감이 느껴졌다. 정말 달빛에 의지하여 걸은 적은 처음이다. 책에서만 봤지 실제로는 못 해 봤기 때문이다.

네 번째 언덕은 어두워서 모두 끌고 갔다. 재미있는 동시에 깜깜해서 무서웠다. 달을 보며 힘겹게 걷기를 끝마친다. 달은 나에게 여러 감정을 일으켜 주었다.

이제 모두 4개의 언덕을 지났다! 다음부터는 타면서 표지판대로 따라가니 러브홀릭이란 모텔이 나왔다. 우리가 묵은 숙소중 제일 좋은 것 같다.

오늘은 야간 주행도 했으니 어서 자야지.

내일도 달리는 거야! 아자!

구름재 언덕을 오르고 있다.

야간주행!

20150729 Wednesday
강민수

아침 7시에 일어나 밥을 먹으러 갔다. 어제 저녁을 먹은 곳에서 김치찌개를 먹었다. 밥을 든든히 먹고 숙소로 가서 짐을 쌌다. 출발 전에 아침 기도를 드리고 출발을 했다.

숙소에서 6km정도 가니 어떤 아저씨가 언덕 우회 길을 알려 주셨다. 우리는 어제부터 언덕을 갈 준비를 하여서 듣고 출발했다.

언덕 앞에 도착해보니 그 언덕은 이화령 고개 보다 더 올라가기 힘들어 보였다. 겨우겨우 올라가서 다람재 라는 언덕표시가 있는 곳에 도착했다. 휴..정말 힘들다.

사진을 찍고 출발을 하려고 했는데 성우 자전거 체인이 빠져서 쌤이 성우 자전거 체인을 끼는데 1시간 정도 걸렸다. 그동안 우리는 정자에서 잠을 잤다. 체인을 다 끼우고 승제형이 우리를 깨웠다.

일어나서 내리막길을 타고 내려 가는데 거의 다 내려와서 땅에 돌이 많아 조심조심 가야 했다. 내려오니 왼쪽에 매우 큰 나무가 있어 그곳에서 사진을 찍고 출발을 했다. 계속 가다 보니 이노정 이라는 한옥집이 있었다. 그곳에서 우리는 시원하게 등목을 했다.

좀 쉬고 나서 두 번째 언덕으로 가려고 하는데 마침 뷔페가 있어서 점심을 먹고 출발하기로 했다. 식혜가 너무 맛이 있어서 식혜 한 병을 담았다. 밥을 다 먹고 쌤이 화장실을 갔다 오는 사이에 우리는 개와 놀았다.

출발해서 가는데 언덕이 있어서 두 번째 언덕인줄 알았는데 지나는 길에 있는 그냥 언덕이었다. 내리막 길로 내려가는데 바람이 너무 시원하였다.

두 번째 언덕에 도착해서 보니 이름이 무심사 였다. 날씨가 너무 더워 아프리카에 온 줄 알았다. 시원한 물로 머리를 감았는데 엄청나게 차가워서 소름이 돋았다. 언덕으로 힘들게 힘들게 올라 갔다. 정상인줄 알고 좋아했는데 언덕이 1km더 남았단다, 다시 힘을 내서 목적지에 도착했다. 조금 쉬고 다시 내리막길을 타고 내려왔다.

내리막길을 타고 내려 오는데 두 갈래길이고 너무 위험해 보여서 순간 브레이크를 꽉 잡았더니 자전거가 앞으로 쏠리면서 물병과 물병 게이지가 날아갔다. 물병과 게이지를 다시 끼고 내리막길을 걸어

다람재 언덕에 올랐다.

서 내려왔다. 언덕이 너무 가파르고 위험했기 때문이다. 나는 너무 겁이 났다 내리막길이 이렇게 무섭다는 것을 처음 알았다.

이제 세번째 언덕을 향해 출발을 했다. 합천 창녕보에 도착을 해서 인증 도장을 찍었다.

쌤이 저 밑에 편의점이 있을 것이라고 예측을 하여 성우가 갔다 왔다. 나한테 와서는 하는 말이 저기에 편의점이 없다고 한다. 듣는 순간 좌절했는데, 성우가 쌤한테 가서는 "저기 편의점 있어요" 한다. 성우가 날 속였다.

우리는 자전거를 세우고 시원한 아이스크림과 음료수를 사서 먹었다. 편의점 안에는 너무 시원하고 좋았다. 편의점에서 시원하게 먹고 다시 출발을 했다.

청덕교 라는 다리가 있었는데 거기서 승제형과 자전거 시합을 했다. 아슬아슬하게 내가 졌다. 이기고 싶었는데 아쉬웠다. 성우와 동준이의 프론트렉을 바꿔서 끼느라 시간이 40분 정도 지체 되었다.

세 번째 언덕에 가려고 준비를 하였다. 세 번째 언덕이 가파르진 않아서 아주 조금 편했다. 이제 해가 져서 너무 어두웠다. 라이트를 다 켜고 내리막길을 내려가는데 옆에서 차가 너무 빨리 지나가서 무서웠다.

우리는 빨리 네 번째 언덕을 지나서 숙소를 찾으려고 마트도 무시하고 달렸다. 가는 도중에 너무 어두워서 성우가 넘어졌다. 넘어지면서 프론트렉 나사가 빠졌는데 다행히 쌤이 그것을 바로 찾아 끼웠다.

바로 출발을 하려고 하는데 어떤 형이 혼자 와서 같이 가도 되냐고 물었다. 잠깐 같이 다녔다.

너무 어두워서 달빛에 의존해 4번째 언덕을 걸어서 올라가는데 30분 정도 걸렸다. 쌤이 내리막 길에서 자전거를 타고 내려가지 말라고 했다. 우리는 천천히 걸어갔는데, 어두워서 쌤이 보기에 우리가 자전거를 타고 가는 것 같다고 하였다. 우리는 걷고 있다고 말하였다.

1. 합천창녕보에 도착한 민수
2. 달빛을 의지해 걸어가고 있다.

걸어서 20분 정도 지나니 내리막길을 다 내려왔다. 그곳에서 형들과 만났는데 아까 만난 그 형은 먼저 간 거 같았다.

남지 철교를 건너고 나서야 숙소를 찾아서 그곳에서 짐 정리 대충 하고 씻고 나서 바로 갔다.

우리가 우겨서 야간 산행을 했는데 가로등도 없고 달빛과 자전거 라이트에만 의존해서 가려고 하니 힘들었지만 나름 소중한 추억으로 남을 거 같다.

야간라이딩

20150729 Wednesday
박성우

날씨 : 구름조금

우리는 우리가 묵었던 엘레강스 모텔에서 나와 어제 갔던 현풍곰탕집에서 아침을 먹었다. 나는 어제 승제형이 먹었던 육개장이 맛있어 보여서 육개장을 시켰는데 맛이 별로였다. 어제 승제형이 왜 육개장을 먹지 말라고 했는지 이유를 알 것 같았다.

밥을 먹고 가방을 싸서 자전거 정비를 하는데 우리는 준비가 좀 일찍 끝나서 다른 일행을 기다리며 모텔 주변을 빙글빙글 돌았다.

우리는 오르막 내리막길을 지나 평지를 갔다. 나는 인도로 가고 싶었지만 차들이 주차되어 있어 어쩔 수 없이 차도로 가야만 했다.

이제 400미터 언덕쯤은 가볍게 올라갈 수 있었다. 그렇게 가다가 하천관리인 아저씨를 만났는데 아저씨가 어디까지 가냐고 물으셔서 부산까지 간다고 말씀 드렸다. 그랬더니 아저씨는 도움이 될 거라며 말 좀 듣고 가라 하셨다. 아저씨께서는 언덕을 피해서 가는 길을 알려 주셨다. 하지만 우리는 원래 길로 가는 바람에 힘든 언덕을 만났다. 그 언덕 이름은 '다람재'였는데 얼마나 힘이든지 한 번도 자전거를 끌고 가지 않았던 승엽이형까지 내려서 자전거를 끌고 올라갔다. 승엽이형이 자전거에서 내려서 걸어가는 것은 처음 보았다.

정상에 올라가서 사진을 찍고 내려 가려는데 내 체인이 끊어지고 말았다.

체인을 고치는데 거의 30분이나 잡아먹었다. 늦어진 김에 우리는 정자에서 한 시간만 자고 가기로 결정했는데 자고 일어났더니 정말 개운했다.

자고 일어나 다시 내리막을 내려갔는데 내리막길이 자갈밭이어서 나는 정말 무서웠다.

성우의 끊어진 체인

어찌나 무서운지 절로 '주님'을 부르고 '할렐루야'를 외쳤다.

언덕을 내려왔더니 400년 된 은행나무가 우리를 기다리고 있었다. 그곳에서 우리는 사진을 찍고 다시 길을 갔다.

가다가 한옥집을 만났는데 그곳에서 등목을 했다.

다시 가다보니 또 언덕이 기다리고 있었다. 언덕을 올라가려면 힘이 필요하기 때문에 우리는 밥을 먹고 출발하기로 하였다. 그 집은 매실차가 맛이 있어서 나는 5잔 정도 마셨다. 맛있는 밥을 먹고 언덕을 올라갔다.

그런데 올라가 보니 이 언덕이 힘들다던 두 번째 언덕이 아니어서 좀 실망했다. 우리는 다시 열심히 달려 두 번째 언덕에 도착했다. 역시 너무 힘이 들어 내려서 걸어올라 갔는데 가는 길에 어떤 사람이 등목을 하고 있는 모습이 보였다.

나도 등목을 하고 싶었지만 힘이 들어 그냥 갔는데 얼마나 힘이 들었던지 내 팔꿈치까지 땀으로 범벅이 되어 있었다.

그렇게 힘들게 올라가다 보니 나비가 한 마리 죽어 있었다.

1. 쳐다보는 소
2. 합천창녕보 인증센타에서 성우

그 나비는 승엽이 형 또는 승제형이 모르고 밟고 지나간 것 같았다. 나는 그곳이 정상이라 생각했는데 그곳은 가짜 정상이었다. 나는 너무 힘들어 아쉬워하는 마음으로 진짜 정상을 찾아 갔는데 진짜 정상에서 쇠파리한테 물리는 바람에 너무 따가웠다. 내려오는 동안에도 계속 따끔거려서 너무 신경이 쓰였다. 나는 언덕을 내려와서 물린 곳을 시원하게 마음껏 긁었다.

가다보니 소가 있었다. 승엽이 형이 소 한 마리를 뚫어져라 쳐다보자 소 다섯 마리가 승엽이형을 뚫어져라 쳐다보았다.

계속 가다가 동준이가 너무 힘들다며 자전거를 바꿔 타자고 해서 자전거를 바꿔탔는데 내 짐까지 있어서 정말 자전거가 무거웠다.

우리는 가다가 프론트랙을 바꾸러 세 번째 언덕을 향해 갔는데 여기서부터 야간 라이딩이 시작되었다. 승엽이 형이 앞을 비쳐주었는데 내가 넘어져서 다쳤다. 넘어지는 바람에 자전거를 정비하고 있는데 혼자 라이딩을 하던 사람이 무섭다며 우리 일행과 같이 가고 싶어 했다. 그렇게 그 아저씨와 같이 야간 라이딩을 하게 되었.

네 번째 언덕을 내려올 때는 시야 확보가 되지 않아 또 걸어서 내려갔다. 우리는 정상에서 사진을 찍고 내려갔는데 아저씨는 없었다. 먼저 가셨다고 했다. 내 라이트가 밝아서 내가 2번 주자가 되었다. 야간라이딩은 정말 무서웠다.

나는 너무 피곤해서 숙소에 들어오자마자 바로 잤다. 근데 내가 자는 동안에 형들하고 민수와 동준이는 치킨을 먹었다고 한다.

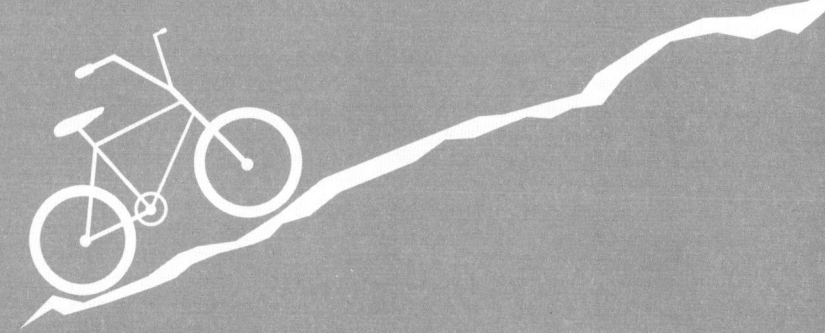

자기 때의 '하루'가 남의 때의 '1000일' 보다 낫습니다.

2015년 7월 30일 목요일, 여덟째 날

자전거 국토종단
8일째 시작

20150730 Thursday

김길환 선생님

어제 무리를 해서 많이 피곤했기에 오늘은 모두의 기상을 8시로 했다..식사는 밖에서 백반으로 하고, 출발은 오전 10시 30분이 되어서야 가네.

출발 전 체크를 하는데 성우의 프론트랙이 약간 어긋나 있어 보이길래 흔들어서 제대로 붙어있나 확인해 보니 반대쪽 볼트가 툭 풀려 버린다. 왜 이렇게 되었나 가만 살펴보니 성우의 자전거는 알톤 콤보인데 이 자전거가 포크가 짧아서 큐알이 프론트랙 밑부분에 닿아 프론트랙을 휘게 만드는 것이다.

남지마을 이곳에 작은 자전거샵이 있어 그곳에서 볼트, 너트를 구해 임시로 해결을 한다. 그런데 승엽이와 나는 땀흘리며 자전거를 정비하는데 성우는 매장 안에서 떠들고 웃고 있네. 성우에게 말한다.

"나와서 드라이버 꺼내서 네가 해라. 네 자전거인데 왜 항상 우리가 해주냐? 본인 자전거가 문제가 있는지 없는지 늘 체크하고 문제가 생기면 네가 해결하려고 노력해야지. 넌 놀고 웃으며 있냐?!" 라고 따끔하게 얘기해 주었다.

간신히 볼트를 껴놨더니 이번에는 나사가 너무 길어 패니어를 뚫고 나오네. 이걸 그대로 둘 수 없어 나사를 잘라내는 것을 말씀 드리니 그것까지는 여기서 할 수 없다 하시니, 자전거튜브 못쓰는 것을 하나 얻어서 가위로 자른 후 돌돌 말면서 최대한 나사를 막는다. 자전거샵 아저씨 말로는 이제 언덕은 없다고 하셨다. 그러나 가다보니 그래도 길 따라 작은 언덕은 몇 개 있다. 동네에서 나온 오토바이 탄 아저씨에게 "***창녕함안보*** 인증센터에도 편의시설이 있나요?" 라고 여쭤보니 경상도 특유의 사투리가 나오며 "있다" 하시네.

창녕함안보 인증센터 도착.

이곳에서 쉬면서 간단히 요기를 한다. 밖의 기온과 여기 안의 기온은 천지차이다. 안에서 있다가 문을 열고 나오는 순간 사우나탕의 문을 열 듯이 열기가 확 다가온다. 뜨겁긴 뜨겁네.

바닥에서 올라오는 뜨거운 아스팔트의 열기. 사우나를 방불케 하는 뚝뚝 떨어지는 땀방울. 뜨겁게 내리쬐는 태양. 한여름의 고통을 절실히 느끼는 라이딩이네.

예전에도 해외에서 달릴 때도 이러했지. 그 시절에도 이런 생고생을 겪으며 라이딩을 통해 뭔가 깨닫고 얻은 것이 있다. 그래서 지금은 이렇게 학생들에게 길을 열어주고 있는 것이다.

창녕시 들어서서 만난 낙동강 수돗가. 시원하게 온몸 샤워를 또 하고 달린다.

밀양시를 들어섰다.

다리 하나를 건넌 후 부터는 아주 잘 닦여진 자전거 도로가 시작된다. 이제 한낮의 뜨거운 더위도 가라앉은 오후 5시가 되어간다. 이제 잘 달리는 모드로 가보자. 성우, 민수, 동준이가 아주 잘 달린다. 자전거 라이딩 속도가 갑자기 이리 좋아질 수도 있는지.

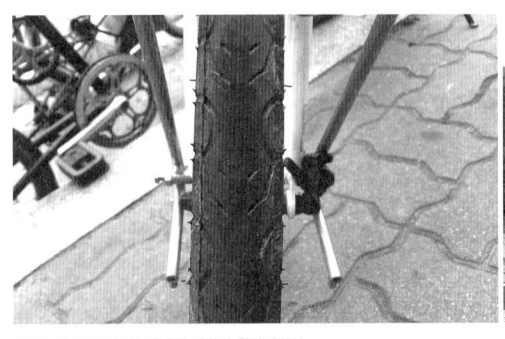  

1. 큐알과 프론트랙이 맞닿아 저렇게 휘어버렸다.
2. 창녕함안보 인증센터에 도착하였다.
3. 시원한 수돗가

밀양의 자전거 도로를 질주하고 있다.

밀양을 시작으로 낙동강을 따라 나무로 만들어 놓은 자전거도로가 상당히 달리는 느낌이 좋다. 돈 많이 들여 멋지게 해 놓은 구간이다.
전기 자전거를 타고 가는 세 명의 가족을 보았다.
어린 여학생도 애들 또래인 듯 한데, 우리가 가는 길이 같으니 앞서거니 뒷서거니 하면서 지나쳐왔고, 지금 **양산물문화관** 인증센터에서도 다시 만나서 같이 도장을 찍고 있다. 그런데 별로 누구인지 물어보고 싶지는 않다.
이제 해가 넘어가기 시작하는 오후 8시다. **양산물문화관** 인증센터를 출발한다. 이제부터는 숙소를 찾고자 하기에 내가 선두에 선다.
부산에 진입했기에 공원에 가로등도 있어 줄 것을 생각했는데 생각 외로 더 어두운 길이다. 도로가 어두워도 참고 달리다가 안되겠다 싶어서 멈춰서 헤드랜턴을 가방에서 꺼내는데 그 짧은 몇 초 사이에 모기가 팔과 다리에 붙는다. 얼른 챙기고 다시 달리는데 이미 물렸는지 엄청 가렵네. 온몸이 땀이 끈적끈적하니 모기들이 아주 제대로 먹이 만난 것이지.
지나는 사람들에게 물어봐 '구포역' 주변에 모텔들이 아주 많다는 걸 알게 되었다. 모텔을 찾으려면 멀리 돌아갈 것도 없이 자전거루트대로 따라 가다보면 '구포역'이 나오고 그 때 좌측으로 빠져나가면 된다고 한다.

좀 가다보니 네온사인 가득한 모텔들이 가득하다. 모텔들이 너무 많으니 기왕이면 좋은 모텔을 찾자싶어서 모텔촌 골목으로 들어가서 찾아본다.

'V모텔'로 간다. 우리가 7명이니 방을 두 개로 해서 10만원에 해준단다.

"자전거 보관할 곳이 있나요?"

"밖 주차장에 하면 되요"

"여기는 도시이니 도둑은 혹시 많지 않을까요?"

"그럴지도 모르겠네요. 방에 갖고 가도 되요."

그래서 이곳으로 결정~. 오늘 하루는 이렇게 정리가 되는구나.

오늘 달린 거리는 91.11km 이고,

오늘까지 달린 국토종단 총 주행거리는 640.56km 이다.

오늘 노정은 창녕 러브홀릭 모텔 - 24. **창녕함안보** 인증센터 - 25. **양산물문화관** 인증센터 - '구포역' 주변 V모텔 이다.

1. 밀양시에 진입했다.
2. 양산물문화관 인증센터에서

- 먹거리 - '남지철교' 마을 주변. **창녕함안보** 인증센터 편의점. '삼랑진읍'쪽에 물 살 곳이 있음. '구포역' 주변
- 잠자리 - '남지철교' 마을 모텔들. '구포역' 주변 모텔들
- 화장실 - **창녕함안보** 인증센터. '삼랑진읍' 물 사는 곳. '구포역'
- 자전거샵 - '남지철교'옆 '남지마을'에 작은 자전거샵 하나 있음.

자전거 국토종주 8일째 끝 (150730 Thur.)

드디어 부산에 도착했다!

20150730 Thursday
강민수

8시에 일어나 근처에 있는 한식집에 가서 밥을 먹고 숙소로 와 짐을 싸고 지하 주차장에서 아침기도를 하고 출발을 했다.

오늘은 내 컨디션이 매우 좋아서 엄청 잘 달렸다. 3~4시간 정도 달리다 보니 전도사님 바퀴가 터져서 쌤과 승엽이형이 바퀴를 떼우느라 시간이 걸렸다. 뒤늦게 연락 받은 우리는 정자를 찾아서 자고 있었다. 1시간 정도 자고 나니 전도사님과 쌤과 형이 왔다. 슈퍼에서 아이스크림을 사 먹고 다시 출발을 했다.

나는 경사가 매우 높은 언덕이 있었는데 탄력을 받아 8단기어로 바꿔서 한 번에 언덕을 올랐다. 전도사님도 바퀴에 바람을 넣으니

청남함안보 인증센터에서 민수

엄청 잘 달리셨다. 거의 시속 30km정도로 달리셨다.

가다 보니 긴 평지가 있어서 성우와 1:1로 겨루기를 하였다.

성우가 조금 앞서 갔는데 내가 페달을 엄청나게 밟아서 성우를 제치고 역전했다. 거의 시속이 32km? 정도 나온 거 같았다. 무적의 승제형이 1단기어로 시속을 30km정도 냈다. 승제형을 보고 우리는 허탈한 기분이 들었다.

언덕에서 우리는 상상도 못했던 장면을 보았다. 이화령 언덕의 경사가 높은 곳에서도 한 번도 발이 땅에 닿은 적도 없는 승제형이 평범한 언덕에서 한 번에 못 올라가고 땅에 다리가 닿았다. 내가 앞길을 막아서 형이 할 수 없이 내려서 걸어간 거다.

한 10km정도 달리니 카페가 나왔다. 그곳에서 우리는 물통에 물만 채우고 바로 출발을 하였다.

양산물문화관 인증센터에서 부산까지 9km가 남았는데 속이 너무 안 좋아서 토하려고 해도 토가 안 나와서 소화제를 먹었다. 전도사님도 배가 너무 아프다고 하셔서 옆에 있는 잔디에서 큰일을 보셨다.

승엽이형은 어머니를 만나러 구포역 에서 지하철을 타고 갔다.

우리는 그 근처에 있는 모텔을 잡고 샤워를 하고 짐을 풀었다. 우리가 여태까지 잤던 모텔 중 제일 좋은 모텔이었다.

쌤이 샤워를 다하고 나오자 우리는 쭈꾸미를 먹으러 갔다. 배불리 밥을 먹고 나와 성우는 먼저 숙소로 가서 쉬고 있었다.

쌤이 아이스크림을 사 들고 와서 먹었다. 전도사님이 마사지를 엄청 잘한다고 해서 한 번 받아보았는데 너무 아팠지만 동시에 시원하였다. 성우는 아파 보인다고 안 받았는데 우리가 억지고 받게 하였다. 성우는 비명을 계속 지르면서 울 거 같았다. 우리는 그 장면을 보고 계속 웃었다.

내일이 마지막 날이라 생각하니 감회가 새롭다. 그 동안 고생도 하고 서로 의지도 하며 지냈던 시간은 살아가면서 나에게 큰 힘으로 남을 거 같다.

오늘 주행거리 91.11km

총 주행거리 640km

1. 밀양 자전거 도로의 긴 평지
2. 양산물문화관 인증센터에서 민수

부산까지 15km??????

20150730 Thursday
박성우

우리가 묵은 러브홀릭모텔에서 일어나서 어제 못 쓴 일기를 썼다. 그리고 앞에 있는 음식점에서 이상한 만둣국을 먹고 짐을 싸고 출발하기 전까지 뮤직비디오를 보았다.

드디어 정모형이 준비를 마치자 우리는 자전거를 정비하고 출발준비를 하였다. 그런데 내 프론트랙이 빠지는 바람에 나는 내 가방을 손잡이에 달고 자전거샵까지 갔다.

선생님께서는 은행에서 돈을 찾고 자전거샵으로 가서 앞가방을 다는데 시작이 오래 걸렸다. 아저씨께 가는 길에 언덕이 있냐고 물어보셨는데 우리에게 언덕은 없다고 말씀하셨다. 하지만 그건 우리의 바람일 뿐이었다.

　길을 가는데 언덕이 수도 없이 나와 짜증이 났다. 가는 길이 너무 힘이 들어서 자주 쉴 수 밖에 없었다. 그렇게 가다보니 도장찍는 곳이 나왔는데 창녕함안보였다.

　우리는 그 옆에서 점심을 먹고 음료수를 마신후 기념사진을 찍고 출발하였다.

　그렇게 아무일 없이 한참을 가다보니 갑자기 민수가 잘 달리기 시작했다. 8단 기어를 놓고도 언덕을 어려움 없이 올라갔다. 신기했다. 그동안 민수가 체력을 아껴두었다 지금 잘 달리는 것인지 민수의 실력이 좋아진 것인지는 잘 모르겠지만 이렇게 빨리 민수가 변했다는 것이 신기했다.

　우리는 사진을 찍고 다리 위로 올라가 동준이와 나는 전도사님 뒤로 갔는데 시속이 15km밖에 나지 않았다. 다리 아래로 내려와서 안 사실인데 전도사님 자전거 타이어가 펑크가 나 있었다.

　전도사님이 자전거를 손보는 동안 우리는 그늘 정자에서 잠을 잤다. 한 30분정도 잔 것 같은데 정말 꿀맛 같았다.

　그렇게 우리는 매점에서 간식을 사먹고 다시 달리기 시작했는데 이번엔 전도사님이 시속 30km 넘게 달리셨다. 우리가 아무리 빨리 달려도 못 따라 잡을 정도였다.

　가다가 수도꼭지 있는 곳에서 등목을 하고 난 후 한동안 아무말없이 무작정 달리기만 했다. 그렇게 달리다 보니 배가 너무 고팠다.

그래서 '핫브레이크'를 하나씩 먹고 힘을 내서 달렸다. 계속 달리다 보니 교가가 생각났다. 교가중에 '자랑스런 아들 딸'이란 부분이 떠올라 자랑스런 아들이 되어야겠다는 생각에 더욱 힘을 내 열심히 달렸다. 달리고 또 달렸다. 너무 열심히 달려서 자전거를 타고 달리다 이렇게 죽을 수도 있다는 생각이 들 정도였다.

한참을 가다보니 드디어 인증도장을 찍는 곳이 나왔다.(양산물물화관 인증센터)

도장을 찍고 사진도 찍고 다시 출발하려는데 민수가 체한 것 같다고 했다. 민수는 속이 안좋다면서 손가락을 입속에 넣어 토하려 했다. 하지만 실패하고 결국은 소화제를 먹고 달렸다. 그동안 전도사님이 음료수를 사가지고 오셔서 마시고 다시 출발했다.

그러는 동안 날이 살짝 어두워져 우리는 앞뒤 라이트를 켜서 라이딩을 시작했다. 나의 라이트가 밝아서 또 내가 2번 주자가 되었다.

달리다 보니 드디어 부산시 경계에 다다랐다. 부산이 가까워지니 잘 수 있는 곳도 많이 보였고, 버스정류장도 달라보였다.

1. 창녕함안보 인증센터에서 성우
2. 양산물물화관 인증센터에 도착한 성우

엄청 힘들어 하는 성우

이제 15km만 더 가면 부산시이다.

그사이 승엽이형은 외할머니댁으로 가고 우리는 감자탕을 저녁으로 먹고 아이스크림을 먹고 전도사님의 마사지를 받았다. 말이 마사지이지 정말 아파서 죽는 줄 알았다.

마지막 일기를 쓰면서 기분이 너무 좋았다.

드디어 내일이면 끝이 난다. Good bye~

드디어 부산에 도착

20150730 Thursday
조동준

오늘 8시에 러브홀릭 모텔에서 눈을 떴다. 눈을 뜨자마자 일어나 이불을 개고 양치를 했다. 옷을 입고 헬멧과 장갑을 꼈다. 이제는 매일 아침마다 하는 거라 매우 익숙해졌다. 성우는 많이 자서 별로 피곤해 보이지는 않았다.

자, 이제 여덟 번째 날의 라이딩이 시작이다. 라이딩을 본격적으로 시작하기 전에 은행에 들러 돈을 찾기로 했다. 나도 바지를 실수로 긴바지를 입어서 반바지로 갈아입기로 했다. 은행의 화장실에서 반바지로 갈아입었다. 노팬티여서 아무도 없을 때 후다닥 갈아입고 나왔다. 은행 안은 시원했는데 밖에 나와 보니 정말 사우나 같았다.

선생님이 은행에서 돈을 찾고 나오셔서 나는 다시 시원한 반바지를 입고 근처 자전거 샵에서 성우 프론트랙 나사를 다시 끼우러 갔다.

자전거 샵에 도착하자 성우는 자전거 샵에서 자전거 프런트랙 나사를 달고 우리는 조금 쉬고 있었다. 아, 내가 잃어버린 물병도 그 자전거 샵에서 샀다. 처음 것 보다는 조금 안 좋았지만 제주까지 쓸 물통이어서 사기로 했다.

성우가 나사를 끼는 동안 우리는 무더위 속 자전거 라이딩을 하기 위해 조금 자놓기로 했다. 소파에서 자는 동안의 시간은 너무 달콤했다. 달콤한 낮잠이 끝나자 성우의 나사 끼우기 프로젝트가 끝나있었다.

나사를 다 끼우고 내 물병을 샀다. 새 물병이어서 물로 한번 씻어내고 물을 담았다. 근데 이 뜨거운 태양아래에서 달리니 물이 아무리 시원해도 다시 뜨거워진다. 그래도 없는 것 보단 나아서 물병에 물을 채우고 다시 무더위 속 라이딩을 시작했다.

아, 태양이 이렇게 뜨거웠나. 정말 너무나도 더웠다. 등이 정말 다량의 열을 저장하고 있었다. 난 더울 때에는 정말 지치는 것 같다. 가고 있었는데 할렐루야! 정수기 물이 나왔다. 화장실에서 소변을 보고 잠깐 정수기 수도꼭지에서 물을 온몸에 적셨다. 다리와 팔이 약간 따끔거렸지만 시원하게 체온을 낮추고 나니 햇빛아래에서도 몸과 이가 떨렸다.

이 더위를 잠깐이나마 날릴 수 있게 해 주셔서 감사합니다.

이런 시원한 물로 몸을 식히고 나니 달릴 맛이 정말 많이 났다. 우와, 정말 이 무더위 속에서 더위를 없앨 수 있다는 것이 정말 좋았다.

다시 시원한 몸과 마음으로 출발했다. 그러나 얼굴과 몸의 물방울은 다시 땀방울로 바뀌었다. 이제 이런 일은 너무나도 많이 겪어 본 일이다. 근데 어제 일기를 2시까지 써서 쌓인 피로와 햇빛이 주는 지침이 한꺼번에 몰려오니 도저히 달릴 수가 없다. 과연 오늘 안에 부산을 갈수 있을까, 정말 못할 것 같다는 생각이 몰려 왔다.

그 전에 편의점에서 먹은 라면, 아이스크림, 음료수 등 많은 에너지가 모두 소비되었다. 정말 더위 속에서 땀띠와 모기가 나를 너무나도 괴롭혔다. 미치는 줄 알았다. 짐도 뒤에 달아서 언덕 올라가기가 매우 힘들었다.

그리고 언덕이 매우 많았다. 뭐? 언덕이 없다고? 웃기는 소리. 자전거 샵 주인아저씨가 분명 평지라고 하셨는데 이상하다. 아, 정말 미치겠다. 그래도 꾹 참고 무더위를 이겨내며 달리다 보니 한 다리가 나왔다. 사진을 찍고 오르막길을 올라가 다리의 중간에서부터 쭉 달렸다.   다시 다리를 건너고 내리막길을 내려오는데 뒤에서 '전도사님 자전거 펑크 났다!'라는 소리가 들려왔다. 일단 더위 속이니 더위를 피한 그늘에서 기다리기로 했다. 앞에 정자가 하나 있어서 그곳에서 잠시 쉬었다가 가기로 했다.

전도사님이 넘어지지는 않으셨을까? 언제 펑크가 나있던 거지? 여러 궁금증이 몰려오지만 동시에 더 많이 몰려오는 무더위의 지침과 피곤함이 내 전도사님께 가보려는 의지를 꺾었다. 음악을 들으며 누우니 정말 졸리기 시작했다. 순간 잠이 들고 눈이 다시 떠지니 전도사님이 와 계셨다.

그래서 근처 슈퍼에서 다시 아이스크림과 음료수를 채우고 갔다. 도대체 이 여행에서 음료수와 아이스크림 값이 얼마나 나올까? 여행이 끝나면 우리 경비중의 엥겔지수를 측정해 보아야겠다. 엥겔지수란 식비가 차지하고 있는 비중, 비율을 뜻한다.

자, 전도사님 타이어도 가셨으니 또 열심히 달려보자! 근데 전도사님이 타이어를 바꾸신 탓일까? 정말 잘 달리셨다. 열심히 따라가다 보니 양산물문화관 인증센터에 도착했다.

그래서 좀 쉬고 있는데 전도사님이 배가 아프시다고 자연의 화장실에서 자연과 함께 하셨다. 이제 점점 전도사님이 적응을 하시는 것 같다. 민수도 속이 메스껍다고 이물질을 뱉어 냈는데 나중에 가서는 괜찮다고 했다.

이제 숙소를 찾을 시간이였다.

창녕함안보 인증센터에서 동준이.

부산에 들어와서 구포역에서 근처 모텔을 찾아 들어갔다. 승엽이 형은 부산에 계시는 외할머니를 뵈고 온다고 하셨다.

와, 드디어 해운대가 있는 부산이다! 인천에서 부산까지 자전거를 타고 오다니! 새삼 내가 대단한 것처럼 느껴졌다. 그것도 미니벨로로 말이다. 제주도로 달릴 거지만 일단 완주는 거의 다 했으니 기분은 정말 좋았다.

그런데 부산은 바다 근처에 있고 기온도 온난해서 모기가 정말 많았다. 땀띠에, 모기에……. 숙소에서는 샤워 할 때 정말 따가웠다. 얼른 씻고 저녁을 먹고 잠을 청했다.

국토 종주도 이제 끝이 나는구나 오늘도 수고 했다. 동준아!

제주도도 힘차게 파이팅!

1. 양산물문화관 인증센터에서 동준이
2. 낙동강을 타고 해는 넘어가고 있다.

밀양 자전거 도로로 진입한다.

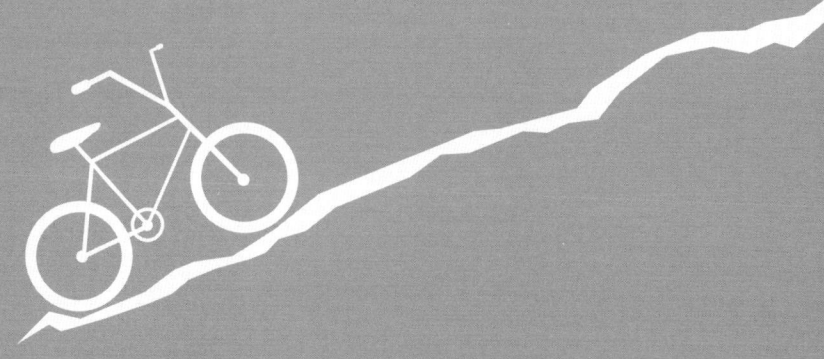

행하지 않는 자는 똑같은 삶이 반복되고,
행하는 자는 변화를 받아 새로운 삶이 연속됩니다.

2015년 7월 31일 금요일, 아홉째 날

자전거 국토종단
9일째
마지막날 시작

20150731 Friday
김길환 선생님

오늘 아침은 이 동네에 왔으니 겸사겸사 '구포시장'을 돌아본다. 아침식사를 하려고 식당을 찾다가 시장 골목을 다 돌아도 적당한 곳을 못 찾았다. 그래서 그냥 김밥을 사서 숙소에서 간단히 해결한다. 승엽이가 친척집에 갔다 오면서 매실, 천도복숭아, 양념통닭 등을 챙겨왔다. 짐도 무거운데 이런 걸 다 챙겨오는 승엽이의 정성이 정말 대단하다.

다시 '구포역'으로 가서 자전거 도로를 진입하면서 오늘의 본격적인 라이딩을 시작한다.

이곳의 자전거 도로는 푹 꺼지는 스폰지 스타일 도로인지라 속도가 제대로 나지를 않는다. 민수가 선두인데 속도가 거의 안 난다.

이제 마지막 인증센터인 **낙동강하구둑**까지 15km 남았기에 아이들 발에 힘이 들어가는지 속도가 나기 시작한다. 그러다보니 모두들 앞서가고 민수만이 뒤처진다.

아, 갑자기 90도 좌측으로 꺾어진 급경사 내리막이 나온다. 민수가 막 내려가는 것 같아 "브레이크 꽉 잡아!!" 했으나 민수는 그대로 밀려 내려간다. 결국 밑에 있는 보도블럭 난간에 '쾅!' 하고 부딪힌다.

브레이크를 잡아도 그냥 밀렸다고 하네. 부딪힌 순간의 충격으로 좀 아팠나보다. 다행히 몸은 이상은 없지만 뒷짐받이에 달고 있던 패니어 윗고리가 떨어져 나갔다. 다 와서 15km 남은 구간에서 이렇게 될 줄은 또 몰랐지. 그러하기에 자전거 여행은 늘 끝까지 긴장을 늦추지 말아야 한다는 것이다.

이 구간을 달리다보니 인천과는 다른 느낌의 산업 단지가 펼쳐진다. 그 구간들을 지나고 이제 마지막 남은 다리를 건넌다.

1. 이 경사길이 갑자기 그렇게 급하게 내려간다.
2. 낙동강하구둑 인증센터에 드디어 도착하였다.

모두들 힘이 넘치는지 자알~ 달린다.

낙동강하구둑 인증센터에 드디어 도착.

어린 학생들이 많은 고생을 하고 이곳까지 힘겹게 왔으니 그 감격이 더욱 클 것이다. 출발 전 미니벨로를 타고는 국토종주가 힘겹다는 얘기도 있었지만, 아이들은 그 말이 무색하게 그냥 이루어 내 버렸다. 달려보고 나니 미니벨로자전거는 그 제품 자체는 문제가 없지만 짐을 연결시키고 가는 것 때문에 부적합 하다고 판단을 한 것이라고 보인다.

하나의 목적지를 정하고, 그곳에 다다르기 위해 온갖 고생과 역경을 넘고, 그 목적지에 도착하여 마침을 이룬다는 것이 쉽게만 이뤄진다면 감동도, 기억도 그리 크지만은 않을 것이다. 사서 고생을 할 필요는 없지만… 예기치 않게 다가오는 고난, 역경을 다 헤쳐나가며 목적한 바를 이루어나가는 인생. 자전거 여행은 짧은 시간 안에 인생의 원리를 몸으로 부딪히게 되는 소중한 경험이 된다.

1. 낙동강하구둑까지 무사히 도착하였다.
2. 낙동강 문화관에서 낙동강 종주 인증 금스티커를 붙인다.

아이들은 제주걷기에 이어 이제 대한민국 국토종주 자전거여행까지 이루었구나.

이곳에서 인증도장을 찍은 후 수첩을 문화관에 제출하고 신상정보를 간단히 적어내고 나면 잠시 후에 수첩에 인증스티커를 붙여준다. 낙동강 종주 스티커는 안동댐까지 찍었어야 붙여준다. 그렇다고 안동댐을 안 찍었어도 국토종주의 완성에는 별 탈은 없다.

이 문화관이 월요일은 휴관이라네. 날을 잘 잡았네. 기껏 왔는데 월요일이었다면 수첩을 제출만 해놓고 아쉽게 끝냈을 것 아닌가.

이제 국토종주는 끝을 냈지만 마지막 마무리가 남았다. 바로 서울로 다시 돌아가는 교통편을 찾는 것이다. 아까 오다가 중앙로에 '서부터미널' 표지판이 있는 것을 보았다. 돌아가는 길은 그곳의 홈플러스 간판을 보고 찾아가면 되는 것이다.

'서부터미널에서' 버스를 타면 서울로 돌아갈 수 있다. **낙동강하구둑** 인증센터에서 '서부터미널'까지의 거리도 10km쯤은 달려주어야 한다.

1. 우측에 홈플러스 간판이 보인다. 좌측은 가로수 안쪽에 자전거길이 있다. 그러니 저 자전거길로 가다가 고가도로를 타면 안전하게 갈 수 있다.
2. 펑크가 나버린 동준이

돌아오는 길을 우측도로를 타고 가라는 어떤 아저씨의 말을 듣고 괜히 그렇게 달렸네. 그냥 아까 왔던 자전거 길로 다시 그대로 돌아가며 달리다가 홈플러스 간판이 보이면 그 때 자전거 도로에서 빠져나오면서 길을 찾아나가는 것이 훨씬 안전하고 좋다.

산업지대 보도블럭을 달리다가 동준이 자전거 뒷바퀴에 펑크가 났다. 보도블럭에 돌조각 쇳조각 등이 반짝거리며 잔돌들이 많고 그걸 잘 피해도 운이 없으면 펑크가 난다. 그걸 동준이가 마지막 날에 겪게 되었네.

9일 내내 아이들 모두 펑크가 없다가 마지막 인증센터 잘 찍고 돌아갈 때 펑크를 경험하게 되었네. 만일 이번 여행에서 펑크 한 번 없이 여행을 마무리 했다면 공기주입기 외에 펑크패치를 왜 챙기고 다녔는지 몰랐을 것이다. 그래도 펑크는 정말 안 났으면 좋겠다. 승엽이가 도와주어 잘 처리가 되었다.

'서부터미널에서' 마지막 사진을 찍고 드디어 655km를 달린 국토종주를 끝냈다. 참고로 '동부터미널'도 있다. 하지만 그곳은 **낙동강하구둑**에서 멀다.

모텔도 터미널 옆 주변에 아주 많이 있어서 바로 숙소를 잡았고, 민수는 친척분이 오셔서 민수와 성우는 먼저 데리고 가셨다. 동준이는 또 다른 여행을 이어가기 위해 성우에게 빌려주었던 프론트랙을 다시 떼어서 자신의 자전거에 장착한다.

오늘까지 우리가 9일 동안 달린 국토종주의 총 주행거리는 655km

이다. 우리가 여러 곳에서 헤매고 뱅뱅 돈 거리까지 다 뺀다면 총 구간거리는 이보다는 짧은 거리일 것이다. 그래도 거의 이정도 거리는 나온다고 예상해야 한다.

오늘의 마지막 노정은 '구포역' v모텔 - 26.**낙동강하구둑** 인증센터-'부산서부터미널' - 비너스 모텔이다. 이 아이들은 이제 국토종단까지 끝냈으니 다음은 세계로 나갈 준비를 할 것이다.

함께 여행을 동행해 온 창호전도사님, 승엽이, 정모, 승제도 참 수고했습니다. 물심양면으로 도와주신 부모님들께도 감사드리며... 하루하루 일정들을 보면 아이들의 성장과 경험을 위해 자연환경과 주변 여건과 사람을 통해 무한히 역사해 주신 하나님을 느낍니다. 9일 동안 여기까지 큰 사고 없이 무사히 인도해 주신 하나님을 기리며~ 진심으로 감사드립니다!!!

자전거 국토종단 9일째 끝(150731 Fri.)

나와 함께 달린 브롬톤. BX-207670주께로

부산서부버스터미널에서 서울로 바로 갈 수 있다.

끝
20150731 Friday
박성우

날씨: 좋음

드디어 자전거 여행이 끝난다고 생각하니 추억이 그립기도 하고 다시 달리고 싶기도 했다. 우리는 아침에 일어나 시장에 가서 여유롭게 김밥 하나를 사고 김치도 사서 아침을 먹으려고 숙소에 들어가는데 저 앞에 승엽이 형이 오고 있었다. 승엽이 형은 치킨을 가지고 왔었다. 우리는 김밥과 치킨을 먹었다. 맛있었다.

우리는 각자 방에 가서 짐을 다 싸고 15km남은 부산을 가기로 했다. 우리는 부산으로 자전거를 타기로 했다. 우리는 가다가 너무 기뻐서 노래를 부르면서 가는데 정모형이 시끄럽다고 부르지 말라고 했다. 우리는 급 우울해졌다.

 민수는 달리면서 해운대를 보았다고 하는데 나는 못 보아서 아쉬웠다. 가는데 한 경사가 25% 되는 내리막길이 한 1.5m되는 곳이 나왔다. 깜짝 놀라서 브레이크를 확 잡았다. 하지만 뒤에 늦게 오는 민수는 그 내리막길에서 그만 울타리에 부딪히고 말았다. 우리는 거기서 민수 가방이 삐뚤어져서 고쳤다.

 우리는 신호등을 건너고 도장 찍는 곳(낙동강하구둑 인증센터)까지 자전거 시합을 했는데 내가 1등으로 들어오고 승제형이 다음으로 들어왔다. 우리는 거기서 음료수를 사 마시고 안내소가 있길래 들어가서 우리 종주 완료 했다는 스티커를 받았다.

 우리는 스티커를 받고 버스 터미널로 가는데 동준이의 바퀴가 터져서 고치는데 1시간 정도가 걸렸다. 우리는 고치는 것을 꽃집 앞에서 해서 민수와 나는 꽃을 구경했다. 꽃이 예뻤다.

 우리는 다 고치고 달렸다. 달리는데 왠지 모르게 길을 잃은 것 같았다. 하지만 주면에 큰 마트가 있어서 그곳으로 갔다.

 우리는 그곳에서 기다리고 형들은 터미널이 어디있나 돌아보고 왔다. 우리는 터미널이 있는 곳까지 자전거를 타고 갔다. 그래서 결국 부산역까지 오게 되었다.

 우리는 사진을 얼른 찍고 옆으로 빠져서 모텔을 잡았다. 하지만 나와 민수는 민수의 할아버지가 오셔서 우리를 데려가 주셨다.

 그렇게 우리의 자전거 여행은 끝이 났다.

국토 종주 중 좋았던 것

1. 내리막길이 있었던 것
2. 부산에 안전하게 온 것
3. 매점이 자주 있었던 것
4. 자주 햇빛이 나온 것
5. 자전거를 고칠 수 있었던 도구가 있었던 것
6. 매일 샤워를 할 수 있었던 것
7. 자주 수영을 한 것
8. 종주 매달을 받은 것
9. 종주 스티커를 받은 것
10. 부산에 온 것

국토 종주 중 안 좋았던 것

1. 야간 라이딩을 찍은 것
2. 언덕이 많았던 것
3. 가방을 다는 곳이 안 좋은 거였던 것
4. 결국 우리 셋 다 한번 씩 다친 것
5. 많이 넘어진 것
6. 고장으로 인해 시간을 많이 끈 것
7. 비가 첫 날부터 온 것
8. 비 맞고 라이딩 한 것
9. 물통이 망가진 것
10. 손이 너무 저렸던 것

유용하게 쓰인 도구

육각 렌즈

없어서 아쉬운 도구

없음

자전거 라이딩을 준비하는 이들에게 한 마디

자전거 라이딩은 자신을 믿고 달려야 합니다.

그렇지 않으면 매일 힘듭니다. 자신을 믿고 끝까지 포기하지 않기

1. 낙동강하구둑 인증센터에 도착한 성우
2. 부산서부터미널에 도착한 아이들

드디어 마지막 날!

20150731 Friday
조동준

날씨: 낮에는 덥고 밤에는 추운 상반된 날.

마지막 날의 아침이 밝아왔다. 우와, 정말로 마지막이 왔구나! 부산의 시원한 공기를 함께 하며 아침을 시작하니 기분이 정말 좋았다. 모텔이 개인적으로 여행 중 제일로 좋은 것 같다.

어제는 모두가 침대에서 자서 매우 편하게 잘 수 있었다. 근데 양말이 어디 갔지? 정말 양말이 어디에도 없었다. 양말에 발이 달린 것도 아닌데 도대체 어디로 간 거지? 분명 말리려고 선반위에 두었는데. 정말 이상한 일이었다. 다시 한 번 찾아보았지만 감쪽같이 사라져 버렸다. 할 수 없이 맨발로 달리는 수밖에. 샌달이니 큰 문제는 없었다.

오늘은 15㎞만 더 가서 낙동강 하구둑에서 인증을 한 다음 고속버스터미널과 항구의 위치를 파악해 놓고 근처 모텔에 자리를 잡아 관광, 구경을 할 예정이다.

어제 승엽이 형은 외할머니 댁에서 자고 오늘 8시에 합류하기로 했다. 그래서 오늘의 아침을 먹으려고 구포시장에 가보았다. 아까 한 바퀴를 쭉 돌았을 때에는 먹거리가 아무것도 없었는데 결국 구포시장에도 먹을 것이 별로 없어 아침은 김밥 7줄로 때우기로 했다.

김밥을 사들고 오는데 승엽이 형이 와서 같이 아침을 먹자고 했다. 알고 보니 형은 외할머니 댁에서 통닭, 감자, 매실 등 너무나도 맛있는 것들을 많이 싸오셨다. 다행히 아침을 제대로 먹지 않아서 다행이다. 승엽이 형이 가지고 오신 음식들은 정말 맛있었다.

배부르게 먹고 나서 늘 하던 대로 장갑과 헬멧을 쓰고 라이딩을 준비했다. 벌써 마지막이라서 조금 아쉬웠지만, 그래도 별 수 없지. 여러 횡단보도와 보도블럭을 지나는 라이딩이 오늘 무더위 속에서 막을 올렸다.

그런데 달리다 보니 포장이 안 된 길이 많아 여러 돌멩이와 잔 쇠조각들이 길을 엄청 울퉁불퉁하게 되있었다. 엄청 심하게 달그락 거려서 빨리 달리면 정말 위험하다.

그런데 갑자기 펑! 하면서 뒷바퀴가 잘 굴러가지 않았다. 처음에는 뒤의 짐, 패니어가 빠진 줄 알았는데 아니였다. 그때 승엽이 형이 '너

펑크 났지?'라고 해서서 뒷바퀴를 눌러봤는데 물렁! 이럴 수가, 뒷바퀴가 '펑크'가 난 것이다! 윽, 하필 마지막 날에……

뒤따라오던 승엽이 형이 펑크 때우는 법을 알려 주시고 고쳐 주셨다. 아마 승엽이 형이 여행에 없었으면 정말 큰일 날 뻔했다. 승엽이 형에게는 정말 감사한 마음뿐이다. 물론 우리 일행과 우리 여행을 위해 노력해 주시고 기도해 주시는 분들 모두에게 감사하다.

이야, 펑크가 나다니! 일단 주걱으로 튜브를 타이어에서 빼낸다. 그리고 구멍이 난 자리에 펑크 패치를 접착제(본드)를 이용해서 붙인다. 그 다음 다시 튜브를 타이어 안에 넣고 자전거에 끼우면 펑크 때우기 완성! 한번 펑크 났을 때 제대로 때우고 간다. 나중에는 직접 내가 해봐야지. 그리고 여기서 왜 이런 장비들이 필요한지 뼈저리게 느낄 수 있었다. 이런 장비들은 꼭 해외로 갔을 때에도 가져가야지.

이제 펑크도 다 때웠으니 출발! 안전하게 가기위해서 자전거 도로와 약간의 도로로 주행을 해서 고속버스 터미널에 도착했다.

1. 승엽이가 가져온 음식들을 감사하며 잘 먹었다.
2. 낙동강하구둑 인증센터에 도착한 동준이

터미널에서 사진을 찍고 근처 모텔에 자리를 잡고 그동안 바뀌었던 성우와 나의 프런트렉을 다시 바꾸기로 했다. 아, 왜냐하면 성우는 먼저 돌아가기 때문이다.

사실 우리는 국토 종주가 끝나고 제주도로 넘어 가려고 했으나 성우와 민수는 먼저 올라가야 돼서 나, 승제 형, 승엽이 형, 정모 형, 길환 쌤만 제주도를 간다. 아, 그리고 내일 내 친구 중 인선이라는 아이도 합류해 총 6명이 제주도를 일주 하게 된다. 아마도 인선이는 처음에는 꽤나 고생할 것 같다.

전도사님은 저녁에 기차를 타고 올라가신다고 했다. 아직은 저녁이 아니니 전도사님과 함께 부산을 관광하기로 했다.

먼저 해운대로 갔다. 해운대는 난생 두 번째이지만 어렸을 땐 기억이 안 나니까 기억 상으로는 첫 번째이다.

윗옷을 벗고 몸을 해운대 바다에 담궜더니 정말 시원했다. 그러나 물이 매우 짰다. 어쨌든 신나게 놀고 센트럴시티로 갔다. 롯데리아에서 밥(햄버거)을 먹으려했는데, 9시가 넘어서 불이 꺼져 있었다. 그래서 할 수 없이 그냥 숙소에 와서 씻고 잘 준비를 했다.

드디어 국토 종단이 끝이 났다! 정말 나 스스로 자랑스럽고 대견했다. 나중에는 전국 일주도 해보고 싶다. 내 자전거도 수고 했고 우리 여행을 위해 힘써주신 모든 분들께 정말 감사를 드린다. 전국이 끝나면 해외로도 가자!

즐거운 여행 이었다. 어쩌면 국도종주가 오늘이 마지막이 아닐 수도 있다. 그러나 이런 고생을 하고 끝내 종주를 완료했으니 정말 뿌듯했다. 이번 여행에서 나는 정말 정말 많이 성장한 것 같다.
　수고했다. 동준아!

_____
국토 종주 중 좋았던 것
_____

1. 내 인생 최고의 경험이었다.
2. 자전거에 대한 애착이 늘었다.
3. 자전거를 다루는 법을 배웠다.
4. 멋진 자연과 경치를 많이 봤다.
5. 돈과 음식의 중요성을 배웠다.
6. 더위를 피하는 법을 배웠다.
7. 같이 여행한 사람들과 매우 가까워졌다.
8. 평소 허약했던 체질이 건강하게 바뀐다.(더욱 건강해짐)
9. 인증 도장을 찍으며 쾌감을 느낀다.
10. 같은 여행자들과 쉽게 가까워지고 친해질 수 있다.
　　또 현지인 분들이 친절히 대해 주셨다.

1. 부산서부버스터미널에 도착한 아이들
2. 부산 해운대에서

국토 종주 중 안 좋았던 것

1. 힘든 언덕이 정말 많았다.(그 중에서도 이화령이 제일 힘들다)
2. 잠이 평소보다 부족해 진다.
3. 다리, 손, 엉덩이 등이 아프다.
4. 더위 때문에 땀띠가 나서 달릴 때 무척 가려웠다.
5. 자동차가 지나다니는 도로를 달리므로 위험하다.
6. 식사를 끼니 때 편의점에서 대충 떼우거나 안먹는 경우가 많다.
7. 자전거에 계속 문제가 생긴다.(특히 펑크)
8. 숙소에서 자전거 보관하기 힘들다.
9. 하루 일과를 끝마치면 내 몸에서 짐승 냄새가 난다.
10. 페달 같은 곳에 긁히는 경우가 많다.

자전거 라이딩을 준비하는 이들에게 한 마디

자전거 여행을 갈 땐 무조건 추위와 더위를 대비해 알맞은 옷을 가지고 가야합니다. 짐은 최소한으로 줄이고 돈과 시간을 아껴 쓰며 목표를 생각하면서 최선을 다해 달려야 합니다! 그렇지 않으면 종주는 불가능합니다. 그러니 평소에 여러분들이 누리는 그 어떤 것, 사소한 것까지 전부 감사하며 열심히 살아야 합니다. 주어진 시간 동안 최선을 다해 달리면 어느새 목표에 도달해 있을 겁니다.

　미리 겁먹지 말고, 화이팅!

국토종주의 끝!

20150731 Friday
강민수

앞으로 15km만 가면 국토종주가 완성이 된다. 아침에 밥을 먹고 짐을 싸서 출발 준비를 하였다.

자전거 도로를 타고 쭉 가다가 짧은 내리막길이 나와서 내려가는데 미처 브레이크를 못 잡아서 앞에 있는 가드레일에 부딪혀서 몸이 앞으로 쏠릴 뻔했다. 부딪히면서 자전거에 거치된 물병게이지랑 손잡이가 휘어졌다. 순간 너무 놀라서 기운이 쭉 빠지고 자전거 속도 내기가 힘들었다.

30분을 달리고 나니, 최종 목적지인 낙동강 하구둑에 도착했다.

마지막 인증 도장을 찍고 단체 사진과 개인 사진을 찍었다. 지난 9일 동안 국토종주를 하면서 비가 오고 기온은 너무 높아서 온몸에 땀띠가 나서 힘들었지만, 완주를 하고 나니 뿌듯했다.

 9일이라는 긴 시간 동안 멤버들과 하나가 되어 자전거 여행을 하면서, 서로 위로를 받고 힘을 내서 국토종주를 무사히 마쳤다.

국토 종주 중 좋았던 것

1. 등목을 자주해서 좋음
2. 비가 자주와서 시원함
3. 바람이 시원함
4. 편하게 잘 수 있음
5. 밥을 실컷 먹을 수 있어서 좋음
6. 자주 쉴 수 있어서 좋음
7. 수영을 자주함
8. 한계를 알 수 있음
9. 국토종주 메달을 받음
10. 다치지 않고 무사히 옴

1. 낙동강하구둑에 도착한 민수
2. 국토종주를 마친 아이들

국토 종주 중 안 좋았던 것

1. 너무 더움
2. 물을 구하기가 힘듬
3. 언덕이 너무 많음
4. 야간 라이딩을 한것
5. 자전거가 자주 고장남
6. 종아리가 너무 아픔
7. 내리막길이 너무 가팔음
8. 돌이 눈에 많이 튄다(고글필수)
9. 가방이 바퀴에 계속 걸림
10. 물통을 잊어버림

자전거 라이딩을 준비하는 이들에게 한 마디

짐을 가볍게 하고 자기가 달릴 수 있는만큼 달리면서 절대로 포기하지 않고 자기 자신을 믿기

국토종주
메달을 받은
아이들 모습

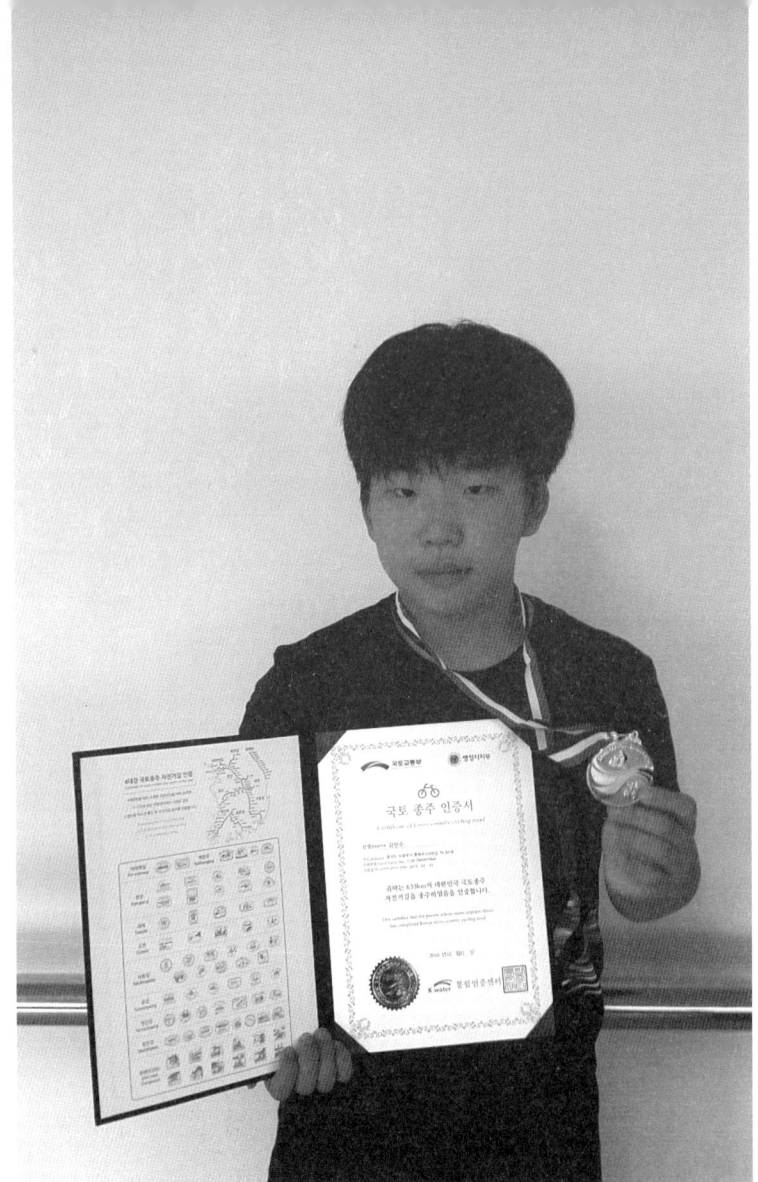

국토종주 인증서와 메달을 받은 강민수

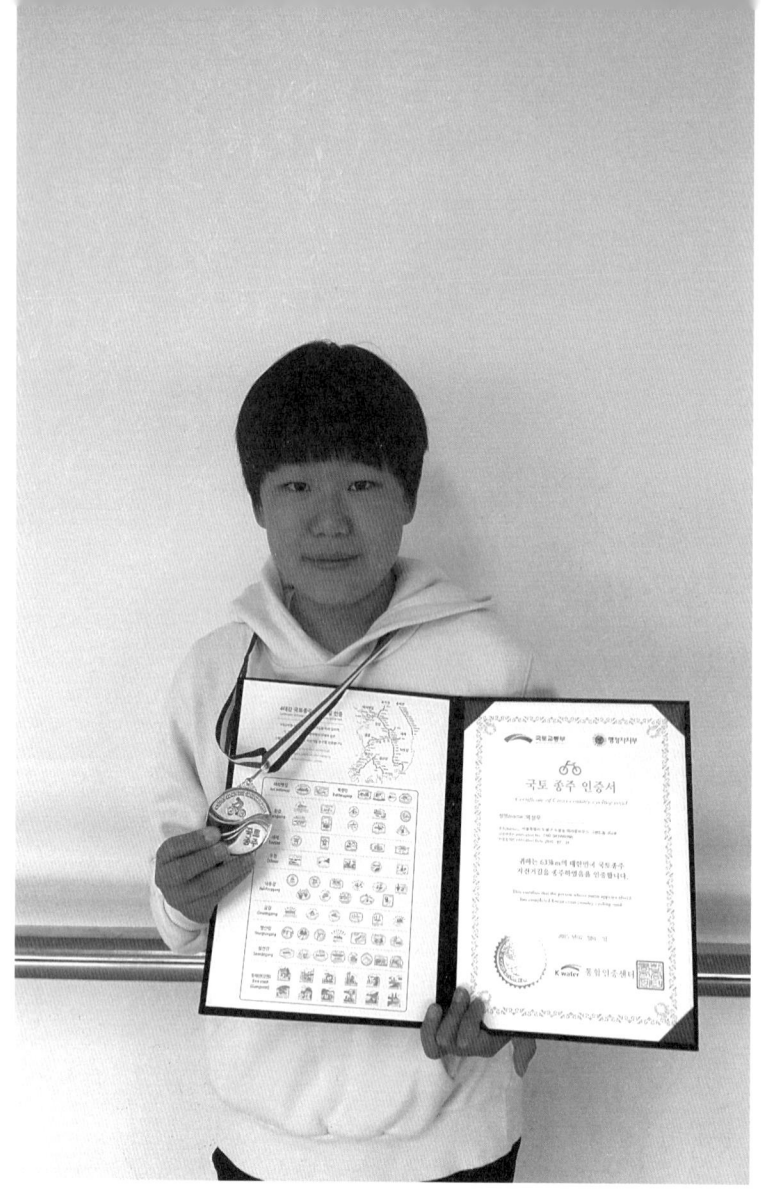

국토종주 인증서와 메달을 받은 박성우

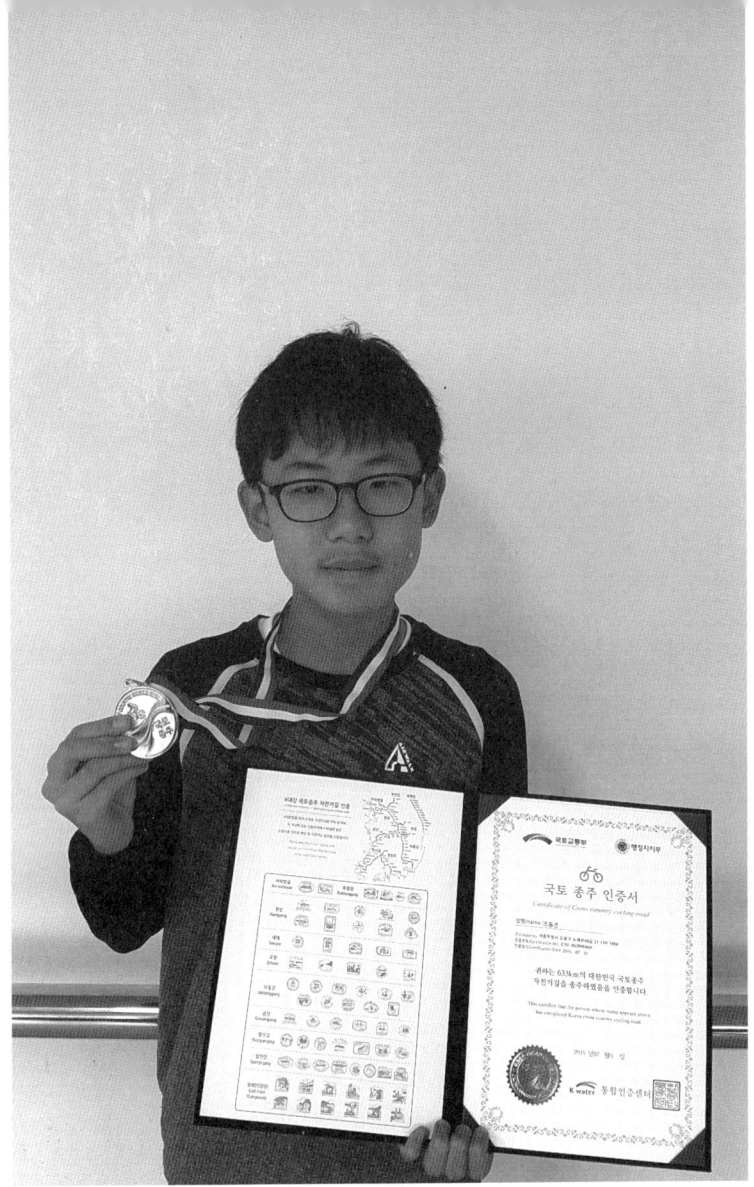

국토종주 인증서와 메달을 받은 조동준

국토종주 인증서와 메달을 받았다.

우리가 달린
국토종주
인증센터 안내

한강종주 자전거길

|아라뱃길|
1. 아라서해갑문
   위치 : 아라인천터미널 맞은편 아라타워 1층
   수첩판매 : 가능 / 종주인증 : 가능
2. 아라한강갑문
   위치 : 한강갑문(무인)

|한 강|
3. 여의도 서울마리나
   위치 : 여의도 서울마리나 앞 (무인)
4. 광나루자전거공원
   위치 : 자전거공원옆 세븐일레븐 앞(무인)

|남한강|
5. 능내역
   위치 : 자전거대여소
   수첩판매 : 가능 / 종주인증 : 가능
6. 양평군립미술관
   위치 : 미술관 입구(무인)
7. 이포보
   위치 : 관리동
   수첩판매 가능 / 종주인증 : 가능
8. 여주보
   위치 : 관리동
   수첩판매 : 가능 / 종주인증 : 가능

9. 강천보
　　위치 : 한강문화관
　　수첩판매 :　가능 / 종주인증 : 가능
10. 비내섬
　　위치 :　비내섬(무인)
11. 충주댐
　　위치 : 물문화관
　　수첩판매 : 가능 / 종주인증 : 가능

|새재자전거길|
12. 충주탄금대
　　위치 : 새재길 시점부 쉼터(무인)
13. 수안보온천
　　위치 : 물탕공원 (무인)
14. 이화령 휴게소
　　위치 : 이화령 휴게소(무인)
15. 문경불정역
　　위치 : 불정역 내 주차장(무인)

|낙동강종주자전거길|
16. 상주상풍교
　　위치 : 상풍교 쉼터(무인)
17. 상주보
　　위치 :　관리동
　　수첩판매 :　가능 / 종주인증 : 가능

18. 낙단보
    위치 : 관리동
    수첩판매 :   가능 / 종주인증 : 가능
19. 구미보
    위치 : 관리동
    수첩판매 : 가능 / 종주인증 : 가능
20. 칠곡보
    위치 : 관리동
    수첩판매 : 가능 / 종주인증 : 가능
21. 강정고령보
    위치 :   디아크
    수첩판매 : 가능 / 종주인증 :   가능
22. 달성보
    위치 : 관리동
    수첩판매 : 가능 / 종주인증 : 가능
23. 합천창녕보
    위치 : 관리동
    수첩판매 : 가능 / 종주인증 :   가능
24. 창녕함안보
    위치 : 관리동
    수첩판매 : 가능 / 종주인증 :   가능
25. 양산 물문화관
    위치 : 물금취수장 옆(무인)
26. 낙동강하굿둑
    위치 :   낙동강문화관
    수첩판매 : 가능 / 종주인증 :   가능

우리가 달린 국토종단 각 인증센터간의 거리

1. **아라서해갑문** -21km → 2. **아라한강갑문** -13km → 3. **여의도 서울마리나** -25km → 4. **광나루자전거공원** -31km → 5. **능내역** -19km → 6. **양평군립미술관** -15km → 7. **이포보** -14km → 8. **여주보** -11km → 9. **강천보** -40km → 10. **비내섬** -35km → 11. **충주댐** -11km → 12. **충주탄금대** -30km → 13. **수안보온천** -19km → 14. **이화령 휴게소** -23km → 15. **문경불정역** -31km → 16. **상주상풍교** -12km → 17. **상주보** -6km → 18. **낙단보** -19km → 19. **구미보** -37km → 20. **칠곡보** -28km → 21. **강정고령보** -22km → 22. **달성보** -37km → 23. **합천창녕보** -60km → 24. **창녕함안보** -63km → 25. **양산 물문화관** -30km → 26. **낙동강하굿둑**

* 이 거리책정은 자전거 속도계를 장착하고 직접 달리면서 책정한 구간인지라, 개인차가 있으며, 자전거패턴에 따라 약간씩 차이가 있을 것임.

지은이	김길환, 강민수, 박성우, 조동준
발행일	2016년 7월
편집디자인	정지혜
펴낸곳	영일출판인쇄

서울특별시 중구 마른내로 61-3, 2층
Tel. (02)2272-9463 Fax.(02)2285-0014

ISBN 979-11-955333-2-9

값 12,000원